과학 교과 연계

3학년 1학기
5단원. 지구의 모습

3학년 2학기
3단원. 지표의 변화

4학년 1학기
2단원. 지층과 화석

4학년 2학기
5단원. 물의 여행

5학년 2학기
2단원. 생물과 환경
3단원. 날씨와 우리 생활

6학년 1학기
3단원. 여러 가지 기체

6학년 2학기
2단원. 계절의 변화
5단원. 에너지와 생활

글 서지원

강릉에서 태어나 한양대학교를 졸업하고 [문학과 비평]에 소설로 등단해, 지식과 교양을 유쾌한 입담과 기발한 상상력으로 전하는 이야기꾼입니다. 지금은 어린 시절 꿈인 작가가 되어 하루도 빠짐없이 글을 씁니다. 서울시 올해의 책, 원주시 올해의 책, 문화체육관광부와 한국도서관협회가 뽑은 우수문학도서 등에 선정된 저서 외에도 2011년부터 초등학교와 고등학교 교과서를 집필했습니다. 쓴 책으로 《어느 날 우리 반에 공룡이 전학 왔다》, 〈빨간 내복의 초능력자〉, 《고구마 탐정 과학, 수학》, 《자두의 비밀 일기장》, 《신통한 책방 필로뮈토》, 《신통방통 수학》, 《만렙과 슈렉과 스마트폰》, 《신비아파트 수학 귀신》 등 250여 종이 있으며, 현재 초등학교 교과서 집필진으로 활동 중입니다.

그림 한수진

따뜻하면서도 정감 어린 그림으로 어린이책에 생명력을 불어넣는 그림작가입니다. 어린이들에게 상상력을 불어 넣으려고 다양한 기법의 그림을 시도하고 있습니다. 세상의 모든 어린이가 책 속에서 즐거운 자신만의 세계를 찾아가며 자신들의 꿈을 펼쳐가길 바랍니다. 그동안 그린 책으로는 《악플 전쟁》, 《우리 또 이사 가요》, 《벌레 구멍 속으로》, 《아기 까치의 우산》, 《치즈 붕붕 과자 전쟁》, 《아빠가 집에 있어요》, 《변신 점퍼》, 《욕조 안의 악어》, 《착해져라, 착해져~ 엄마를 웃게 하는 예절 사전》, 《거울 공주》 등이 있습니다.

몹시도 수상쩍다
4. 탄소를 싫어하는 인어 아저씨

초판 1쇄 펴낸날 2023년 10월 10일

글 서지원 **그림** 한수진
펴낸이 허경애 **편집** 최정현 김하민 **디자인** 위드 **마케팅** 정주열
펴낸곳 도서출판 꿈터 **출판등록일** 2004년 6월 16일 제313-2004-000152호
주소 서울시 마포구 양화로 156, 엘지팰리스빌딩 825호
전화번호 02-323-0606 **팩스** 0303-0953-6729
이메일 kkumteo2004@naver.com **블로그** blog.naver.com/kkumteo- **인스타** kkumteo
ISBN 979-11-6739-095-0 ISBN 979-11-6739-079-0(세트)

ⓒ서지원 한수진 2023
이 책에 실린 글과 그림은 무단 전재 및 무단 복제할 수 없습니다.
잘못된 책은 구입하신 서점에서 바꾸어 드립니다.

어린이제품안전특별법에 의한 제품 표시

제조자명 꿈터 | **제조연월** 2023년 10월 | **제조국** 대한민국 | **사용연령** 8세 이상 어린이 제품
주의사항 종이에 베이거나 긁히지 않도록 조심하세요. 책 모서리가 날카로우니 던지거나 떨어뜨리지 마세요.
KC 마크는 이 제품이 공통안전기준에 적합하였음을 의미합니다.

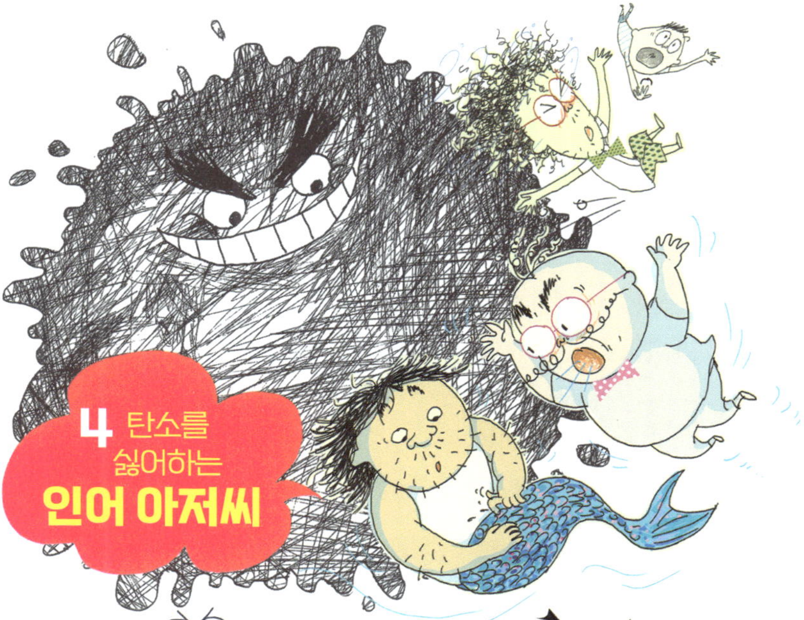

4 탄소를 싫어하는 인어 아저씨

몹시도 수상쩍다

서지원 글
한수진 그림

꿈터

작가의 말

C, 너는 누구냐?

지구에서 물은 계속 돌고 돌아요. 강과 바다, 호수, 식물의 잎에서 물이 증발해 하늘로 올라가고, 다시 비가 되어 내리고, 다시 하늘로 올라가요. 이렇게 돌고 도는 과정을 물의 순환이라고 하지요. 만약 지구에서 물이 순환되지 않고 어떤 곳에서 막혀버린다면 지구에는 큰 위기가 닥치고, 기상재해가 일어나요. 마치 사람의 몸에서 피가 돌지 못하고 막혀버리면 생명이 위험하듯이요.

물처럼 지구를 계속 돌고 도는 게 있어요. 바로 탄소예요. 탄소는 원소의 하나인데, 원소 기호로는 C라고 써요. 탄소는 지구뿐만 아니라 우주에 엄청나게 많아요. 우주 어디를 가나 탄소가 있지요. 우리 몸에는 탄소가 있고, 식물, 동물, 공기 속에도 탄소가 있어요. 다이아몬드, 연필심 같은 고체 속에도 탄소가 있고, 석유, 석탄 같은 화석연료 속에도 탄소가 있어요. 지우개, 실내화, 치킨… 어디에나 탄소는 있어요. 그것도 아주 많이요. 그런데 C, 즉 탄소가 지구를 뜨겁게 만들고 있다는 게 문제예요. 어느 정도냐면, 바다에서 1초마다 핵폭탄이 5개씩 터지고 있을 정도로 강한 에너지로 지구를 뜨겁게 하고 있어요.

지구에 없었던 탄소가 갑자기 만들어진 게 아니에요. 지구 속에 있던

탄소를 사람들이 지구 밖으로 캐냈기 때문에 많아진 거예요. 탄소는 물처럼 지구를 돌고 돈다고 했지요? 동물이 식물을 먹으면, 식물 몸속에 있는 탄소가 동물에게 옮겨가요. 식물이 광합성을 할 때 식물은 탄소의 한 종류인 이산화탄소를 빨아들이고, 산소를 내보내요. 반대로, 동물은 숨을 쉬면서 산소를 빨아들이고, 이산화탄소를 내보내지요. 식물과 동물이 서로 이산화탄소를 주고받는 거예요. 식물과 동물이 죽으면 미생물들이 분해해요. 그러면 식물과 동물의 몸속에 있던 탄소는 이산화탄소와 메탄으로 변해요. 그래서 공기 속으로 나오는 거예요. 메탄도 탄소의 한 종류예요. 이렇게 탄소가 돌고 도는 과정을 '탄소의 순환'이라고 해요.

지구에서 탄소는 자연스럽게 빙글빙글 순환해야 하는데, 이 순환 고리를 사람이 고장 내 버렸어요. 석탄과 석유는 생물이 땅속에 묻혀서 변한 거예요. 생물에는 탄소가 많다고 했지요? 그래서 석탄과 석유에 탄소가 많은 거예요. 250여 년 전부터 사람들은 산업을 빠르게 발달시키기 위해 석탄과 석유를 캐내서 사용하기 시작했어요. 그래서 불과 250여 년 동안 2조 톤의 이산화탄소를 대기 중에 배출했어요. 이 이산화탄소가 온실 효과를 일으켜 지구를 뜨겁게 만들고, 지구 곳곳에 기상재해를 일으키고 있는 거예요.

탄소도, 이산화탄소도 나쁜 게 아니에요. 단지 땅속에 있어야 할 탄소를 사람이 짧은 시간 동안 너무 많이 캐내서 사용했기 때문이에요. 고장이 난 탄소의 순환 고리를 다시 자연스럽게 이어지게 하려면 우리는 탄소에 관해 잘 알아야 해요. 자, 어서 지구를 구출하러 공부균 선생님에게 갑시다!

작가 서지원

차례

작가의 말 C, 너는 누구냐? · 4

첫 번째 실험
탄소 중립과 기후 위기 알아보기

인어들의 반상회

날씨가 미쳤어요! · 11
인어들의 반상회 · 25
탄소 흡수기 · 38
교실 밖은 위험해요 · 48

두 번째 실험
전기에너지와 신재생에너지 알아보기

가오리연이 되었어요!

이대로는 못 살아! · 57
사과 도둑의 지령 · 67
바람아, 쌩쌩 불어라! · 74
가오리연이 된 아로와 아이들 · 80

세 번째 실험
플라스틱과 쓰레기 알아내기

거대한 플라스틱 섬

사과 도둑이 보낸 메시지 · 89
플라스틱 섬이 나타났다 · 97
슈퍼 거북의 배 속 · 107
수상한 쪽지 · 115

네 번째 실험
숲과 생태계 보호 알아보기

미래로 가는 엘리베이터

출발, 미래로! · 127
미래의 하늘 · 136
미래 엘리베이터의 비밀 · 144
마지막 소풍 · 151

인어 아저씨
땅에 사는 사람들 때문에 전 세계 빙하가 녹으면서
온난화가 빨라져 인어들의 건강이 나빠진다고
걱정하는 지구 환경을 지키는 인어 아저씨.
그런데 공부왕 교장 선생님과는 왜 닮은 거지요?
혹시 형제?

건우
소심한 부끄럼쟁이지만 차분하고,
신중한 게 건우의 매력이에요.

아로
말대꾸하기 대장.
호기심 많은 사고뭉치.
꼬박꼬박 말대꾸할 때는 정말 밉지만,
보면 볼수록 귀여운 악동이지요.

인어들의 반상회

첫 번째 실험
탄소 중립과 기후 위기 알아보기

창의력 호기심

왜 탄소 중립을 해야 할까?
지구는 왜 뜨거워질까?
왜 섬이 바다로 가라앉고,
해수면(바다의 높이)이 점점 높아질까?

날씨가 미쳤어요!

"우휴, 이 얼마나 한가로운가!"

공부왕 교장 선생님은 갑판에 놓인 의자에 누운 채로 휘파람을 불었다. 지금 공부왕 교장 선생님은 바다 위에 둥둥 떠 있다. 한 푼 두 푼 모아서 마련한 요트 여행을 하는 중이기 때문이다.

"시끄러운 아이들도 없으니 천국이 따로 없군."

그때 물속에서 무언가 '푸!' 물을 내뿜으며 공중으로 솟구쳐 올랐다.

커다란 리본을 단 빼빼 마른 공혜리, 얼굴에 장난기가 가득하다 못해 넘칠 것 같은 아로, 그리고 맹한 표정의 건우와 사자만큼 커다란 고양이 에디슨이 나타난 것이었다.

"너, 너희들이 여긴 어쩐 일이냐?"

공부왕 교장 선생님이 묻자 아로가 냉큼 대답했다.

"우린 바닷속을 탐험 중이었어요!"
건우와 혜리도 말했다.
"절대 노는 거 아니고요, 지금 바닷속에 뭐가 있는지 공부하는 중이에요."
"맞아요, 공부!"

순간 공부왕 교장 선생님의 눈썹이 하늘 위로 솟구쳤다. 그 모습을 본 아로가 혜리의 옆구리를 툭 치며 말했다.

"어쩌지? 오늘도 공부왕 교장 선생님 기분은 좋았다가 나빴다가 하나 봐."

"바다에 있어서 더 그럴 거야. 우리 아빠가 그러는데 바다 날씨는 변덕스러워서 금방 좋아졌다, 나빠졌다 그런다더라고. 마치 공부왕 교장 선생님처럼!"

"아하!"

아이들이 얘기를 주고받을 때였다.

"너희가 여긴 어떻게 있는 거냐고! 혹시 나를 미행한 건 아니겠지?"

공부왕 교장 선생님이 버럭 외쳤다. 그사이 엄청나게 큰 파도가 몰려왔다. 파도는 눈 깜짝할 사이에 아이들과 공부왕 교장 선생님의 요트를 덮쳤다.

"으아악!"

파도 덕분에 공부왕 교장 선생님의 반짝반짝 빛나는 새 요트가 뒤집혔고, 교장 선생님은 물속으로 꼬르륵 가라앉았다.

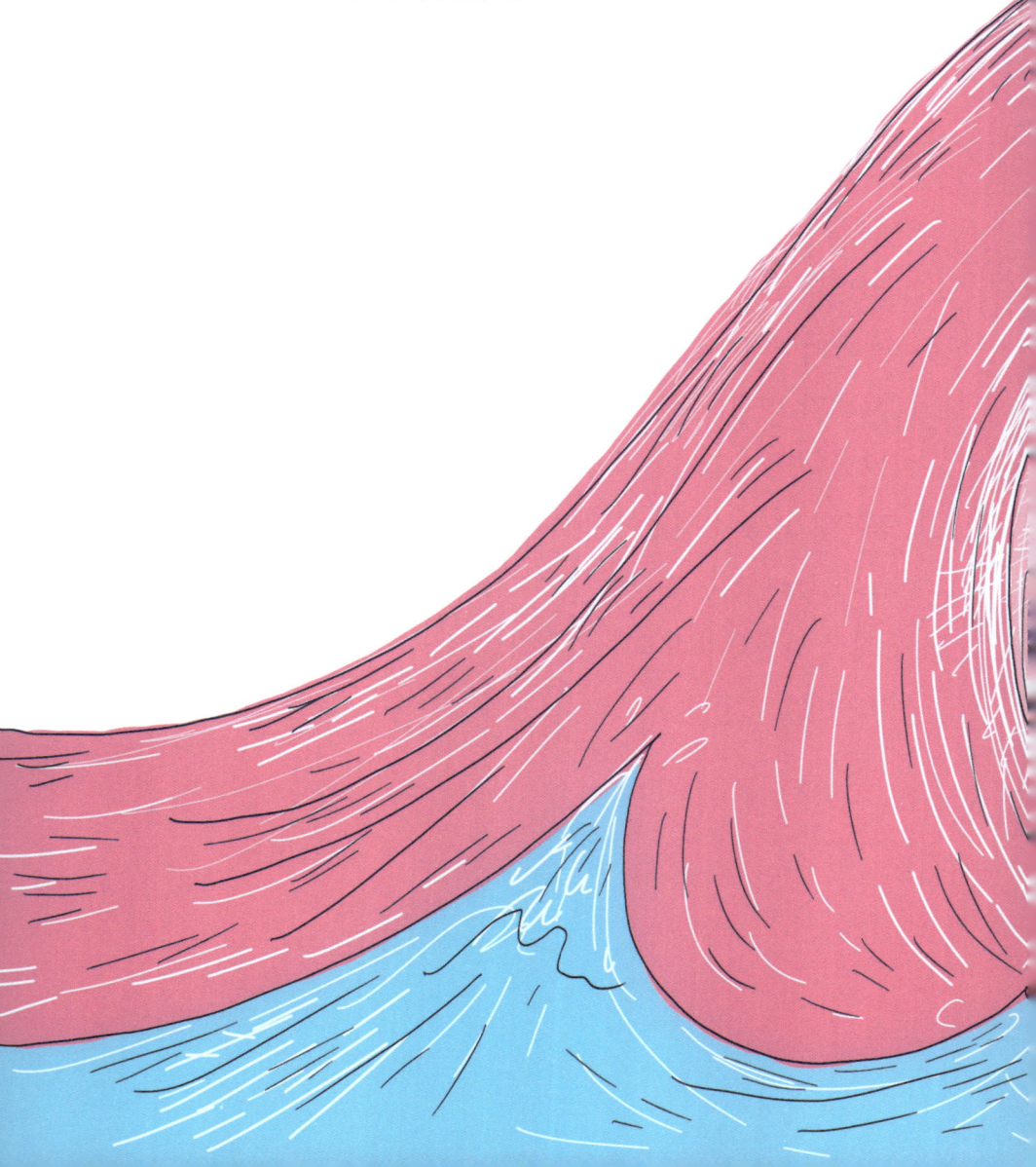

바로 그 순간, 바다 깊은 곳에서 아름다운 은청색 비늘을 가진 무언가가 나타났다. 공부왕 교장 선생님은 숨이 막힌 걸 꾹 참으며 두 눈을 부릅떴다. 그러자 은청색 비늘을 가진 무언가가 더욱 가까이 다가왔다.

그것은 인어였다. 털이 북슬북슬하고 콧구멍이 아주 넓은 아저씨 인어.

"읍!"

인어는 숨 막혀 고통스러워하는 공부왕 교장 선생님의 입술에 살짝 입을 맞추려 했다. 물론 공부왕 교장 선생님은 싫다며 짧은 팔다리를 버둥거렸다.
"저러다 숨 막히실 텐데."
"교장 선생님, 빨리 뽀뽀해요!"
 괴로움을 참지 못한 공부왕 교장 선생님은 입에서 거품이 뽀글뽀글 터져 나왔다. 보다 못한 인어 아저씨가 공부왕 교장 선생님의 입술에 뽀뽀를 쪼—옥!
 그러자 거짓말처럼 물속에서 물고기처럼 숨을 쉬는 게 가능해졌다.

"이게 뭐 하는 짓이에욧!"

공부왕 교장 선생님은 인어를 향해 버럭 소리를 질렀다.

"그거 봐요, 공부왕 교장 선생님은 별로 안 좋아할 거라니까."

"그래도 물에 빠져 죽는 것보단 인어 아저씨랑 뽀뽀하는 게 낫지."

"나도 좀 괴롭긴 했어."

아이들이 끼어들었다. 공부왕 교장 선생님은 대체 어떻게 된 건지 말해 보라고 했다.

"공부균 선생님의 과학교실 엘리베이터에 '집, 교실, 땅, 물, 하늘, E'라는 6개의 버튼이 달린 건 아시죠? 이번엔 제가 물 버튼을 눌렀죠. 그랬더니 엘리베이터가 갑자기 로켓처럼 하늘로 솟구치더라고요."

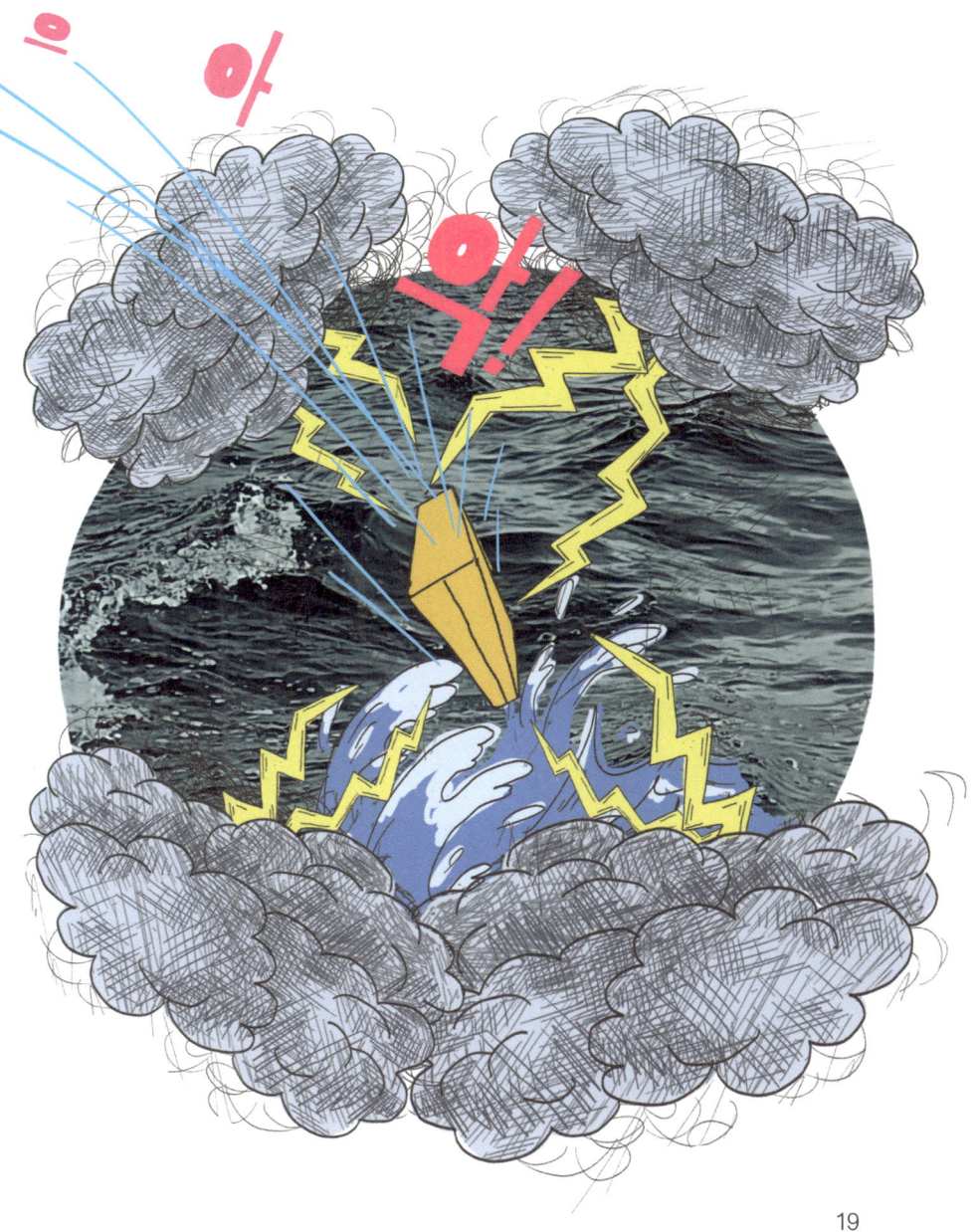

창밖으로 파란 하늘이 펼쳐지는 것을 보고, 아로는 이번에 지구 밖으로 날아가겠구나, 하고 생각을 했다. 그런데 웬걸. 갑자기 하늘에서 우르르 쾅 천둥 번개가 내리쳤고, 엘리베이터가 파란 바다를 향해 추락하기 시작했다.

"처음엔 무서워서 '엄마야!' 하고 소리도 지르고 그랬는데 이젠 그 정도로 무섭진 않더라고요. 마치 놀이기구를 타는 것처럼 스릴이 넘치기도 하고."

"맞아!"

"요점만 말해! 저 인어는 대체 누구냐고!"

공부왕 교장 선생님이 버럭 소리치자 아로가 머리를 긁적이며 말을 이었다.

"엘리베이터에 물이 들어오기 시작했어요. 우린 꼼짝없이 여기서 끝이구나 하고 생각했죠. 무서워 죽는 줄 알았어요."

"숨도 막히고요."

건우가 괴로운 표정을 지었다.

"그때 저 인어 아저씨가 나타나서 우리를 구해줬어요. 인어랑 뽀뽀하면 물속에서 인어처럼 자유롭게 숨을 쉴 수 있대요. 좀 징그럽긴 하지만, 그래도 다행이잖아요?"

 마지막으로 혜리가 입술을 쓱 닦아내며 말했다.

 그 사이 바다 날씨가 다시 화창해졌다.

 "바다는 정말 날씨가 오락가락하네."

 "좋았다, 싫었다 하는 것이 마치 공부왕 교장 선생님의 변덕 같아."

 아로와 혜리가 중얼거릴 때였다.

 "뭐라고?"

 공부왕 교장 선생님이 찌릿찌릿 눈빛을 쏘았다.

 "바, 바닷속 구경을 해보실까!"

 "나도!"

 "나도!"

 "야옹!"

 아로의 말에 건우와 혜리, 그리고 에디슨이 얼른 헤엄을 치기 시작했다. 그러자 인어 아저씨가 공부왕 교장 선생님을 빤히 보았다.

 "흥, 내가 바다 같은 사람인 건 맞지만 날씨를 닮았다는 건 엉터리예요. 요즘 바다 날씨는 환경 오염 때문에 엘리뇨 현상이 심해져서 언제 어떻게 변할지 모르는 거고, 난 언제나 한결같다고요."

공부왕 교장 선생님은 으흠, 하고는 모기향 같은 수염을 만지며 말했다.

"아!"

인어 아저씨가 커다란 콧구멍을 후비며 고개를 끄덕였다. 공부왕 교장 선생님은 진지하게 자기 말을 들어달라고 소리쳤다. 그러거나 말거나 인어 아저씨는 반짝반짝 빛나는 은청색 비늘을 가다듬느라 바빴다.

"아휴, 답답해. 내 말은 들으려고도 하지 않네. 그런데 오늘따라 바다 날씨는 왜 이러지?"

공부왕 교장 선생님은 바닷속에 더 있다가는 정말 변덕쟁이가 될 것만 같다고 했다.

인어들의 반상회

인어 아저씨는 반상회 시간이라며 마을로 돌아가야 한다고 했다.

아로와 건우, 혜리와 에디슨은 인어 마을을 구경하고 싶다고 졸랐다. 인어 아저씨는 사람을 데려오면 별로 반가워하지 않을지도 모른다고 말했다.

"왜요?"

"너희는 바다를 오염시키는 주범이니까."

인어 아저씨는 최근 바닷속 환경이 사람들 때문에 급속도로 오염되었다며 한숨을 내쉬었다.

"음, 아니라고는 말 못 하겠지만, 모든 사람이 환경을 오염시키는 건 아닌데."

"맞아요, 전 쓰레기도 함부로 버리지 않고 분리수거도 꼭 한다고요."

"우린 환경 오염과는 거리가 먼 어린이들이고, 얜 착한 고양이이에요."

아이들의 말에 인어 아저씨는 마을로 함께 가자고 했다. 아이들이 도착했을 무렵 인어들은 마을 회관이라고 쓰인 낡은 배에 모여 있었다.

"와, 이게 언제 적 배인거지?"

"한 300년 전에 바닷속으로 가라앉은 배란다."

"그렇다면 보물을 가득 실은 해적선?"

아이들이 배를 기웃기웃 살필 때였다. 어두운 바닷속에서 무언가 반짝거리는 것이 보였다. 그것은 어린 인어의 눈동자였다.

"안녕, 난 아로라고 해."

아로가 헤엄쳐 가자 어린 인어가 움찔 놀라 해초 사이로 몸을 숨겼다. 그 순간 아로는 자기도 모르게 '헉' 하고 소리를 질렀다. 인어의 피부에는 이상한 반점이 가득했다. 마치 피부병에 걸린 것 같았다.

"얘, 몸이 왜 그래?"

아로의 말에 어린 인어는 부끄러운 듯 얼굴을 붉혔다. 아로가 괜찮냐며 다가가려 할 때였다. 아줌마 인어가 나타나더니 아로를 툭 밀쳤다.

"저리 가, 우리 애가 아픈 건 다 너희 인간들 때문이라고."

"우리가 뭘 잘못했는데요?"

"너희가 환경을 오염시키니까 그런 거지!"

"우린 아니에요! 우린 그런 적 없어요!"

"흥, 인간들은 자기들이 무슨 짓을 저지르는지도 모른다더니, 그 말이 딱 이로군!"

아로와 인어 아줌마가 큰 소리를 냈다. 그 소리를 들은 인어들이 아로 주변으로 모여들었다.

그런데 인어들의 모습은 어딘가 이상했다. 어떤 인어는 지느러미 부분의 색이 시커멓게 변해 있었고, 어떤 인어는 매우 창백해서 금방이라도 쓰러질 것 같았다. 또 어떤 인어는 계속해서 기침했고, 어떤 인어는 등이 새우처럼 굽은 상태였다.

"다들 어디가 아픈 것 같아……."

혜리가 중얼거리자 인어 아저씨가 고개를 끄덕였다.

빙산

"맞아, 우리 인어들은 병들어가고 있어. 내가 인어 중에선 그나마 건강한 편인데 요즘은 나도 여기저기 많이 아파."
인어 아저씨는 이대로 가면 인어들이 모두 병들어 죽게 될 거라며 슬픈 목소리로 말했다.

"어째서요?"
"빙하 때문이야."

빙하

인어 아저씨의 말에 아로는 고개를 갸웃했다.

"빙하?"

"북극에 있는 그 빙하?"

"맞아, 빙하가 계속 녹기 때문에 인어들이 병들고 있는 거지."

인어 아저씨는 빙하가 녹으면서 바닷물이 늘어나고, 바닷물의 농도가 점점 옅어져서 인어들의 힘이 약해지는 거라고 했다.

"빙하는 북극에만 있는 거 아닌가?"

아로의 말에 혜리가 고개를 가로저었다.

"빙하와 빙산은 달라. 빙산은 바다 위에 떠 있는 거대한 얼음덩어리고, 빙하는 얼음이 엄청나게 많이 모여 있는 거야."

"역시 혜리는 모르는 게 없군. 나도 아는 건 있지. 빙산과 빙하는 모두 추운 곳에 있다는 사실!"

혜리는 어처구니없다는 듯이 팔짱을 끼면서 다시 입을 열었다.

빙하는 육지의 10%를 덮고 있지. 그 가운데에 98%는 남극대륙과 그린란드에 있어. 그런데 지구에 있는 물 중에 육지에 있는 물 그러니까 담수의 3/4은 빙하라고 해.

육지에 있는 물의 75%는 얼음이라는 게 놀랍지 않아?

우와, 그런 걸 언제 다 알아 둔 거야?

해수면 상승

더 충격적인 사실은, 빙하가 지금, 이 순간에도 계속 녹아서 바다로 흘러가고 있다는 거야. 만약 지구상의 빙하가 모두 녹는다면 해수면(바다의 높이)이 지금보다 60cm가 높아지고, 그러면, 그러면······.

그러면?

엄청나게 충격적이고 끔찍한 비극이······ 지구에 벌어지지!

혜리의 말에 건우가 참지 못하고 끼어들었다.

"어떤 비극인데?"

"지구에 있는 육지 대부분이 바닷물에 잠겨 사라져 버리고 높은 산악지역만 남게 된대."

"히익!"

건우가 비명을 질렀다.

"인어 아저씨에게는 좋은 거 아니에요?"

아로가 묻자, 인어 아저씨는 우울한 표정을 지었다.

"그게 아니야. 빙하가 녹으면 땅에서 태양 에너지를 더 많이 흡수하거든. 그래서 온난화가 더욱 빨라지는 악순환이 계속된단다. 그러면 머지않아 우리 인어들은 다 죽게 되겠지. 사람보다 우리가 더 먼저 죽을걸."

그 말을 들은 아로는 인어들을 돕고 싶었다.

"빙하를 녹지 않게 하려면 어떻게 해줘야 하는 거예요?"

"냉장고 속에 빙하를 집어넣는 건 어때? 아빠한테 커다란 냉장고를 만들 수 있는지 물어봐야겠어."

혜리가 아이디어를 내자 건우도 거들었다.

"에어컨을 틀어주면 어때?"

그때 인어 아저씨가 심각한 표정으로 끼어들었다.

"전 세계 빙하가 지난 20년 동안 녹는 속도가 두 배 이상 빨라졌어. 그것 때문에 우리 인어들의 건강은 더욱 나빠지게 됐지."

"실망하지 마세요, 공부균 선생님이라면 방법을 찾아낼 수 있을 거예요."

아로가 소리쳤다.

"무슨 균 선생님?"

인어 아저씨가 귓구멍을 후비며 물었다.

"세균, 병균, 대장균은 나쁜 병을 옮기지만, 공부균은 공부를 열심히 하게 만드는 공부 병을 옮기는 분이에요. 세상에서 가장 유익한 균이죠."

"그분은 우리 아빤데, 못 하는 게 없어요."

"맞아요!"

혜리와 건우가 맞장구를 쳤다.

"그래? 그렇다면 그 세균 선생님을 한번 만나 보자."

인어 아저씨가 인어들을 대표해서 공부균 선생님을 만나 보겠다고 했다.

"에? 육지로 나가시게요?"

"에이, 아저씨는 다리가 없잖아요."

아로와 건우가 걱정스럽게 묻자 인어 아저씨가 주먹을 쥐고 배에 힘을 주었다. 마치 거대한 똥을 누기 전에 하는 준비운동 같은 동작이었다.

순간, 뿡 소리와 함께 아저씨의 모습이 땅딸막한 키에 두

개의 수염이 모기향처럼 뱅뱅 말아 올라가 있는 할아버지로 변해 버렸다.

"엇!"

"인어는 마지막으로 뽀뽀한 인간의 모습과 똑같이 변신할 수 있어."

인어 아저씨, 아니, 공부왕 교장 선생님이 자랑스러운 표정으로 말했다.

"저런, 하필 마지막으로 뽀뽀한 게 교장 선생님이라니!"

"교장 선생님이라고 불러야 하나, 인어 아저씨라고 불러야 하나?"

"아까 모습이 낫나, 지금

모습이 낫나?"

"앗, 어디가세요?"

아이들은 뒷짐을 진 채 다리만 파닥파닥 헤엄치며 어딘가로 사라지는 공부왕 교장 선생님, 아니, 인어 아저씨를 불렀다.

"인어 아저씨!"

탄소 흡수기

"룰루랄라~!"

공부균 선생님이 창고에서 기계를 끌고 나왔다. 그 기계는 바퀴가 달리고 투명한 유리로 덮여있는 모습이 마치 놀이공원에서 봤던 솜사탕 기계 같았다. 공부균 선생님은 기계와 연결된 커다란 파이프를 창문 밖으로 내놓은 후, 기계 속에 무언가를 집어넣더니 열심히 돌리기 시작했다.

"아빠!"

공부균 선생님이 잠깐 손을 멈추고 뒤를 돌아보았다. 그러자 물에 빠진 생쥐처럼 젖은 혜리와 아로, 건우, 그리고 에디슨과 황제펭귄처럼 파닥거리며 걸어오는 공부왕 교장 선생님의 모습이 보였다.

"아, 이분은 공부왕 교장 선생님이시지만, 진짜 공부왕 교장 선생님은 아니에요."

"응?"

"설명하기 힘드니까 자세하게 묻지 마시고요, 빙하를 녹지 않게 만드는 방법 좀 알려주세요."

아로의 말에 공부왕 교장 선생님이 고개를 갸웃했다.

"방법은 아는 게 확실한 거죠?"

공부왕 교장 선생님, 아니, 인어 아저씨가 물었다.

"마침 탄소 모아모아 기계를 꺼내 놨으니 이걸 이용하면 대기 중의 탄소가 줄어들겠죠. 창문 밖에서 탄소를 엄청나게 빨아들일 거예요."

"탄소를 줄이는 거 말고 빙하를 지키는 거요?"

"음, 탄소가 줄어들면 지구 온난화가 덜해지고, 그럼 지구의 온도가 더 높아지지 않을 테고 그럼 빙하가 녹는 일도 줄어들지요."

"그 얘기가 그 얘기로군."

공부왕 교장 선생님, 아니, 인어 아저씨가 고개를 끄덕였다.

"이건 어떻게 작동해요?"

공부균 선생님은 주전자에 깨끗한 물을 담아와서 기계에 넣었다. 그리고 탄소 모아모아 기계에 달린 페달을 밟기 시작했다.

쿡, 끼익, 쿡, 끼익, 쿡, 끼익…….

페달이 돌아가자 시커먼 먼지 같은 것이 뭉쳐지기 시작했다.

"저게 뭐죠?"

"탄소요."

공부균 선생님이 기계 페달을 밟을 때마다 탄소 덩어리

는 거대해졌다. 동시에 아로와 건우, 혜리, 에디슨은 뭔가 갑갑하다는 느낌이 들었다. 가짜 공부왕 교장 선생님은 더워 죽겠다는 듯 혓바닥을 쑥 내밀고 헥헥거렸다.

"아이고, 더워."

"아빠, 갑자기 왜 이렇게 덥고 갑갑한 거죠?"

"아, 그건 탄소 때문에 이곳 온도가 올라가서 그런 거란다."

더위를 참지 못한 에디슨이 에어컨 리모컨을 찾아냈다. 에디슨은 날렵하게 날아올라 에어컨 리모컨을 꾹 눌렀다.

"하아!"

에디슨이 삑삑삑 에어컨 온도를 낮추기 시작했다. 그러자 에어컨에서 차가운 바람이 나오는가 싶더니 갑자기 주변 온도가 더 높아졌다.

"윽, 갑갑해!"

"더워서 견딜 수가 없어."

"에어컨을 켜느라 사용한 전기에너지 때문에 탄소가 더 늘어나서 교실이 더워진 거란다."

그 사이 과학교실 안에 있던 것들이 이상하게 변하기 시

작했다.

화분에 심어 둔 꽃들이 말라비틀어지고, 교실 온도를 알려주는 온도계가 서서히 상승하기 시작한 것이다. 공기는 아주 건조해져서 에디슨의 털이 정전기를 일으키면 금방이라도 불이 날 수 있을 정도였다.

"어쩐지 자꾸 갈증이 나는 것 같아."

"윽, 못 견디겠어!"

갈증이 난 아로는 냉장고 문을 열더니 그 안에 머리를 푹 밀어 넣었다. 하지만 냉장고 사용 때문에 사용하는 전기에너지가 더 늘어나자 과학교실 내부의 탄소가 더 많아지게 됐다.

"힉, 저기 좀 봐!"

탄소 덩어리는 이제 넓은 과학교실을 꽉 채우다 못해 흘러넘치기 시작했다. 덕분에 모두의 몸이 탄소 속에 풍덩 빠져 버리고 말았다.

"숨을 못 쉬겠어요!"

"으아악!"

모두가 버둥거리며 괴로워할 때, 가짜 공부왕 교장 선생

님, 그러니까 인어 아저씨가 방귀를 뿌웅 뀌었다. 순간 탄소 덩어리가 조금 줄어들었다. 아주 조금이긴 했지만 아까보다 숨쉬기 편하다는 느낌이 들 정도였다.

"엇, 아저씨의 방귀가 탄소를 없애고 있어!"

"아저씨, 어떻게 하신 거죠?"

"나, 난 그냥 방귀만 뀌었을 뿐인데!"

순간 공부균 선생님이 짱구 머리를 긁적이더니 진지하게

말했다.

"언젠가 물고기들의 똥이 탄소를 분해한다는 연구 결과를 본 적이 있어요."

"그렇다면 아저씨, 방귀를 계속 꿔주세요!"

"제발요!"

아로와 건우, 혜리가 간절하게 애원했다. 가짜 공부왕 선생님은 짧은 팔다리를 파닥거리며 방귀를 뽕뽕 뀌었다. 그러자 교실 전체를 짓누르고 있던 탄소 덩어리가 흐물흐물 사라지기 시작했다.

교실 밖은 위험해요

'우르르-쾅! 번쩍번쩍!'

공부균 선생님의 과학교실 주변에 이상한 변화가 생겼다. 다른 곳은 날씨가 화창한데 과학교실 주변에만 무시무시한 천둥과 번개가 내리치고 폭우가 쏟아졌다.

"육지 날씨는 이렇구나!"

가짜 공부왕 교장 선생님은 창밖을 바라보며 감탄했다.

"저건 정상이 아니에요."

"맞아, 요즘 날씨가 좀 들쭉날쭉하긴 하지만 이 정도로 이상하진 않아요."

아로와 건우가 말할 때였다. 가짜 공부왕 교장 선생님이 창문을 열더니 손을 밖으로 내밀었다.

"엇, 눈이다!"

가짜 공부왕 교장 선생님은 눈을 처음 맞아본다며 어린

아이처럼 좋아했다. 마치 생선을 손에 쥔 펭귄 같았다.

"나가서 눈싸움하고 싶어요!"

"안 하는 게 좋을 것 같은데요?"

"왜요?"

가짜 공부왕 선생님이 따지듯 물었다.

공부균 선생님의 말이 채 끝나기도 전에 가짜 공부왕 교장 선생님의 손이 쭈글쭈글하게 변했다. 인어의 약한 피부 위에 강한 산성 눈이 닿으면서 변화가 생긴 것이었다.

"어떡해!"

 공부균 선생님은 얼른 연고를 가져와 가짜 공부왕 교장 선생님의 손에 발라주었다.

"산성눈이 올 때는 최대한 몸에 직접 닿지 않는 것이 중요해요. 밖에 나갔다 온 후에는 머리와 몸을 깨끗이 씻고, 콧속과 눈도 식염수 등으로 씻어주는 게 좋아요."

 그 사이 바깥 날씨는 또 변해 있었다. 이번에는 엄청난 바람이 불어오기 시작했다. 과학교실이 단번에 날아갈 듯 거센 바람이 계속됐다.

"흠, 이러다가 과학교실 주변 숲이 몽땅 망가지겠어요."

"정원에 심어둔 꽃들은 이미 폭삭 말라비틀어져 버렸거나, 물에 빠진 생쥐 꼴이 되고 말았겠네."

"탄소가 많아지면서 과학교실 주변의 온도가 높아졌기 때문에 어쩔 수 없어. 아주 심각해. 1.5℃나."

"에게, 고작 1.5℃ 정도로 이런 일이 벌어진다고요?"

공부균 선생님은 심각한 표정으로 말했다.

아이들은 정신이 멍해져서 이상해진 과학교실 밖을 물끄러미 바라보았다.

"보이지도 않는 탄소가 너무 밉다!"

"탄소를 줄일 방법은 없을까요?"

아이들의 말에 공부균 선생님이 말했다.

"있지. 하지만 모두의 노력이 필요해. 할 수 있을까?"

"할 수 있어요. 어떻게 하면 되는지 알려주세요!"

지구의 온도가 2℃ 이상 상승할 경우, 폭염, 폭우, 한파 등 사람이 감당할 수 없는 자연재해가 지구 곳곳에서 몰아닥친단다.

폭염 폭우 한파

그러면, 그러면……

그러면요?

엄청나게 충격적이고 끔찍한 비극이…… 지구에 벌어져!

헤리가 말한 것보다 더 큰 비극이에요?

우리가 알고 있는 생물 중 대부분이 멸종하게 될 거고, 인간들이 먹을 수 있는 식량은 거의 사라지게 될 거야. 결국, 인간마저도 사라지게 되겠지.

아로와 아이들은 선생님이 알려준 방법을 하나씩 읽다가 고개를 갸웃했다.

"양치 컵을 쓴다고 탄소가 줄어들겠어요?"

"대부분의 사람은 그런다고 물을 얼마나 아낄 수 있겠냐고 되묻지. 하지만 5초면 컵에 물을 가득 채울 수 있어. 양치할 때 컵을 이용하지 않고 수도를 그대로 사용하면 적어도 1분 이상 물을 흘려보내게 돼. 그러면 물이 얼마나 낭비되겠니?"

공부균 선생님의 말에 아이들은 일단 탄소를 줄이는 방법을 직접 실천해 보기로 했다. 그러자 놀라운 변화가 생겼다. 과학교실 주변의 온도가 아주 조금씩 내려가기 시작했다.

이대로는 못 살아!

"꿀꿀꿀, 속보입니다. 우리나라의 반대편에 있는 호주는 지금 한겨울입니다. 그런데 찜통더위가 계속되고 있수다. 더욱 문제인 것은 한여름인 유럽에는 현재 혹독한 눈보라가 계속되고 있다는 것이수다."

돼지 기상 예보관이 아주 심각한 표정으로 속보를 알렸다.

겨울이어야 할 지역에는 더위가 이어지고, 여름이어야 할 지역에는 추위가 이어진다는 내용이었다.

욕조에서 초콜릿을 까먹으며 첨벙거리던 인어 아저씨는 혜리에게 텔레비전 소리를 좀 더 높여 보라고 했다.

"아저씨, 대체 언제까지 화장실에 있을 거예요?"

"나도 나가고 싶지. 그런데 사람으로 변하려면 뽀뽀를 해야 한다고. 누가 나에게 뽀뽀를 해주겠어?"

"어우!"

인어 아저씨는 공부왕 교장 선생님의 몸으로 12시간을 버텼다. 그리고 시간이 다 되자 도로 인어로 돌아갔기 때문에 욕조에서 지내야만 했다. 인어 아저씨 때문에 화장실을 쓸 수 없게 된 혜리는 볼일을 보기 위해 아로네 집으로 가야만 했다.

"고양이랑 뽀뽀는 안 되나요?"

혜리가 에디슨을 보며 물었다.

"글쎄? 가능하긴 하겠지."

"그럼 제발 에디슨으로라도 변신해 주세요!"

혜리가 빽 소리를 지르자 에디슨이 슬금슬금 움직이기 시작했다. 도망치는 것이었다.

"바닷속에 있을 때 짐작하긴 했지만, 지구 온난화가 생각보다 더 심각하군."

인어 아저씨는 마지막 초콜릿을 입안에 털어 넣으며 중얼거렸다.

"아저씨, 그렇게 먹다간 이가 다 썩을 거예요."

그때 과학교실을 찾아온 아로가 화장실로 얼굴을 밀어넣으며 말했다.

"초콜릿은 멸종되면 먹을 수 없는 음식이잖니. 그러니 있을 때 미리미리 먹어두려면 어쩔 수 없어."

"초콜릿이 멸종되다뇨? 왜요?"

"몰랐어? 지금보다 기온이 올라가면 초콜릿은 멸종되고 말 거야. 아니, 정확히 말해서 초콜릿의 원료인 카카오가 멸종되는 거지."

"흭!"

아로의 눈이 커졌다. 세상에서 제일 좋아하는 초콜릿을 먹을 수 없을 거라는 말에 눈앞이 아찔해진 것이다.

"거짓말, 거짓말이죠?"

아로가 두 눈을 부릅뜨고 소리치자 어딘가에서 나타난 공부균 선생님이 끼어들었다.

"틀린 말이 아니란다. 초콜릿의 원료인 카카오는 열대 지역의 숲속에서만 자라는데, 사막화 현상이 심해지면서 카카오나무가 자랄 수 있는 숲이 점점 줄어들고 있거든."

공부균 선생님은 카카오나무는 작은 병에도 쉽게 죽기 때문에, 앞으로 먹을 수 있는 카카오 열매는 얼마 되지 않을 거라며 혀를 끌끌 찼다.

그때 텔레비전 화면 속의 돼지 기상 예보관이 버럭 소리를 질렀다.

"안 돼, 초콜릿이 사라진다니, 꿀꿀, 이대로는 못 살아!"

돼지 기상 예보관은 어떻게든 초콜릿을 지킬 방법을 찾아달라고 소리쳤다.

"에이, 설마 초콜릿이라는 음식 자체가 사라지겠어요?"

아로가 묻자 공부균 선생님이 고개를 끄덕였다.

"안타깝지만 아마도 그럴걸."

"말도 안 된다, 꿀꿀꿀!"

돼지 기상 예보관이 아예 텔레비전 화면을 부술 것처럼 소란을 피웠다.

"지구온난화와 기후변화로 인하여 사라져 가는 대표적인 과일도 있지. 바로 바나나와 사과."

"풉, 그건 어제도 먹었는걸요?"

아로는 어제 엄마가 슈퍼에서 사 온 바나나랑 사과를 먹었다고 말했다. 아로는 인어 아저씨와 공부균 선생님이 괜히 겁을 주는 거로 생각했다.

'어제도 먹은 음식이 갑자기 사라질 리 없지.'

하지만 공부균 선생님의 표정은 진지하고, 심각했다.

"바나나는 꽤 오래전부터 멸종 위기 식품으로 거론되고 있단다. 바나나의 뿌리를 썩게 하고 수분과 영양 흡수를 차단하는 파나마병 때문이지."

"바나나도 병에 걸리나요?"

"그래, 거기다 사과는 또 어떻고. 예전에는 남쪽 지방인 대구에서 사과를 많이 생산했지만, 이제는 북쪽 지방에서 생산하고 있어. 날씨가 점점 따뜻해지고 있어서 우리나라의 남쪽 지역에서 더는 사과가 자라지 않는 거야."

"그러고 보니 어제 먹은 사과는 별로 맛이 없었던 것 같긴 해요."

"따뜻한 날씨가 이어지면 사과는 새빨갛게 자라지 못해. 하얀 사과가 생길 수도 있지. 게다가 사과의 당도가 제대로 축적되지 않으면서 사과의 상품 가치도 떨어져. 이렇게 지구 온난화가 계속된다면 100년쯤 뒤에는 우리나라에서 사과를 재배할 수 없게 될 거야."

"아, 그래도 내가 할아버지가 될 때까진 사과를 먹을 수 있겠네요."

"설마, 지금 다행이라고 생각하는 건 아니겠지?"

인어 아저씨가 욕실에서 소리쳤다.

"음, 100년쯤 뒤라면 누군가 타임머신을 개발해서 과거로 날아가 사과를 가져오지 않을까요?"

아로가 말할 때였다.

"꿀꿀, 그러고 보니 속보 하나를 말하지 않았수다. 엊그제 사과 창고에 도둑이 들었는데 수백 톤의 사과가 감쪽같이 사라졌다고 했수다."

텔레비전 속의 돼지 기상 예보관이 뭔가 생각났다는 듯

머리를 긁적였다.

"설마 미래에서 온 사람들이 사과를 훔쳐 갔다고 말하려는 건 아니지?"

아로가 코웃음을 칠 때였다.

건우가 아주아주 심각한 표정으로 과학교실 안으로 들어왔다.

"아무래도 그 사과 도둑은 미래에서 온 사람들인 것 같아."

건우는 아로와 공부균 선생님, 그리고 혜리에게 쪽지 하나를 보여주었다.

"이건 어제 그 사과 창고에서 발견된 쪽지야."

"네가 어떻게 이 쪽지를 본 거야?"

혜리의 물음에 건우가 대답했다.

"우리 아빠가 그 사과를 보관하는 창고의 경비를 맡고 계시거든. 큰일이야, 아빠가 아무래도 미래에서 온 도둑이 사과를 훔쳐 간 것 같다고 주장했지만 아무도 그 말을 믿어주려 하지 않아."

"헉, 그럼 어떡하지?"

아로가 걱정스레 건우를 볼 때였다. 욕조에서 파닥거리며 빠져나온 인어 아저씨가 큰 콧구멍을 벌름거리며 말했다.

"제발 누구든 내게 뽀뽀를 해줘. 당장 사과 창고로 가 봐야 한다고!"

아로와 혜리, 건우는 가위바위보를 하기로 했다.

"가위바위보!"

"아싸!"

"끄악!"

혜리와 건우는 보를 내고, 아로는 바위를 냈다. 결국, 아로는 큰마음을 먹고 인어 아저씨의 입술에 뽀뽀 해야 했다.

쪼오옥!

"웩!"

"나도 기분 좋은 건 아니라고."

사과 도둑의 지령

 공부균 선생님의 도움으로 아로와 건우, 혜리, 그리고 에디슨과 아로의 모습을 한 인어 아저씨는 사과 저장고로 갈 수 있었다.
 "우와, 여기가 사과를 저장해 두는 곳이구나."
 아로가 큰 소리로 외치자 건우가 두 눈을 부릅떴다.
 "쉿, 몰래 들어가야 한다는 거 잊었어?"
 "미안."
 모두는 사과가 쌓여 있던 자리로 갔다.
 "바로 여기에 사과 도둑의 쪽지가 놓여 있었어. 아빠는 쪽지를 발견했다고 얘기했지만, 경찰들은 누군가 장난을 친 것으로 생각했대."
 "흐음!"
 아로는 창고 주변을 살펴보자고 했다. 아로가 두 눈을 형

광등처럼 반짝이며 창고 주변을 왔다 갔다 할 때, 아로로 변한 인어 아저씨가 뭔가 발견했다며 손을 번쩍 들었다.

"바닥에 뭐라고 쓰여 있어."

빈 사과 상자를 치우자 바닥에 붉은 페인트로 휘갈겨 쓴 글씨가 드러났다.

> 제발 탄소를 만들지 말라고, 이것들아!
> 너희가 계속해서 탄소를 만든다면 우리도 생각이 있어.
> 우선 사과를 싹쓸이할 것이고 두 번째로는 바나나를,
> 그다음은 초콜릿을,
> 그리고 마지막으로 딸기를 몽땅 가져가겠다.
> -사과 도둑-

그것은 틀림없는 사과 도둑의 경고였다.

"탄소를 만들지 말라고?"

"우리가 언제 탄소를 만든 적 있어?"

건우와 혜리가 서로의 얼굴을 마주 보며 어깨를 으쓱했다. 그러자 아로의 모습을 한 인어 아저씨가 고개를 끄덕

였다.

"있지, 너희가 매일 보는 텔레비전, 손에 쥐고 놓지 않는 휴대폰, 한번 틀었다 하면 끌 줄 모르는 컴퓨터, 에어컨, 전기히터, 세탁기, 냉장고, 타고 다니는 버스 등등 모든 것들이 탄소를 만든다고."

"윽, 그럼 우린 아무것도 하지 말라고요?"

아로가 볼멘소리를 하자 아로의 모습을 한 인어 아저씨가 대꾸했다.

"물론 무얼 하든 너희들은 자유이지. 하지만 이건 알아두어야 해. 우리 인어들이 점점 약해지는 것처럼 너희 인간들도 점점 약해지게 될 거야. 기후변화로 인해 적응하기 어려운 상태가 될 테니까."

"아빠, 저 말이 사실인가요?"

혜리가 걱정스러운 표정으로 묻자 공부균 선생님이 고개를 끄덕였다.

"그래, 어떤 과학자는 인간도 공룡처럼 멸종하게 될 거라고 경고하기도 했지."

"좋아, 더는 탄소를 만들지 않겠어! 그러니까 사과를 돌려달라고! 안 그러면 우리 아빠가 곤란해진단 말이야!"

건우는 어디선가 듣고 있을지도 모르는 사과 도둑을 향해 고래고래 고함을 쳤다. 하지만 그 누구의 인기척도 들려오지 않았다.

"선생님, 탄소를 만들지 않으려면 어떻게 해야 하죠?"

건우가 공부균 선생님을 향해 간절하게 물었다. 머리를

긁적이던 공부균 선생님은 인간이 아무것도 하지 않으면 탄소는 줄어들 수밖에 없다고 말했다.

그날 이후 아로와 아이들은 아무것도 하지 않았다.

"얘들아, 깜깜한데 불은 좀 켜면 안 되겠니?"

인어 아저씨가 물었지만 아로와 아이들은 단호했다.

"안 돼요. 탄소를 만들지 않으려면 꼼짝도 하지 않아야 한다고요."

"그럼 더우니까 선풍기라도 좀 켜자."

"안 된다니까요!"

"으앙! 그럼 욕조에 얼음이라도 띄워 줘."

인어 아저씨가 사정했다.

그렇게 며칠이 지났다. 아이들은 정말 아무것도 하지 않고 먹고, 자고, 도로 먹고, 자고, 가끔 화장실에 다녀오기만 했다. 그 모습을 본 공부균 선생님이 짱구 머리를 긁적이며 말했다.

"얘들아, 날씨도 좋은데 나들이나 다녀올까?"

"우리가 움직이는 동안 탄소가 나오면 어떡해요?"

"자동차를 타는 대신 자전거를 타고 공원으로 산책하러

가면 돼. 그럼 탄소도 줄이고 기분 전환도 할 수 있어."
"움."
사실 아이들도 슬슬 좀이 쑤시기 시작했다. 이대로 며칠을 더 버텼다간 돼지가 될 것 같았다.
"자전거는 정말 탄소를 배출하지 않는 거죠?"
"그럼. 자전거를 타면 매연도 줄이고 건강도 챙길 수 있지."
공부균 선생님의 말씀이 끝나자 인어 아저씨가 외쳤다.
"잠깐! 그럼 나도 데려가 줘! 누구든 내게 뽀뽀를 부탁해!"

인어 아저씨가 입술을 꼼지락거리며 쭉 내밀었다. 그 모습을 본 혜리는 퉁명스럽게 말했다.
"그냥 욕조를 통째로 들고 갈 수는 없을까?"
"그래, 힘들어도 그게 좋겠어."

바람아, 쌩쌩 불어라!

헥헥.

아이들은 열심히 자전거 페달을 밟았다.

"인간들의 공원은 이렇게 생겼구나."

아이들이 끄는 자전거 뒤에는 수레가 달려 있었고, 그 속에는 욕조가 있었다. 욕조 속에 몸을 숨긴 인어 아저씨는 고개를 빼꼼 내밀고서 공원을 구경했다.

"에잇, 우린 이렇게 힘들게 페달을 밟고!"

"아저씨만 한가롭게 구경을 하는 건 좀 불공평한 것 같아요!"

아로와 혜리가 버럭 소리치자 인어 아저씨가 입술을 쪽 내밀었다.

"난 언제든 준비가 되어 있어. 누구든 좋으니 내게 뽀뽀해 주렴."

아이들이 '윽' 하고 입술을 가릴 때였다. 인어 아저씨가 공원 한쪽에 세워진 무언가를 보고 고개를 갸웃했다.

"그런데 저 크고 하얀 건 뭐지?"

"그러게? 나도 처음 보는 건데?"

아로도 고개를 갸웃했다.

"난 알아."

건우는 그걸 보고 바람개비일 거라고 했다. 날개가 세 개 달린 커다란 무언가는 확실히 바람개비처럼 생긴 것 같기도 했다.

"바람개비가 아니라 선풍기 아닐까? 대형 선풍기."

혜리의 말에 아로는 고개를 끄덕였다.

"여름엔 사람뿐만 아니라 새들도 덥고 동물들도 덥겠지. 그러니까 모두를 위한 선풍기일 수도 있어."

그러자 공부균 선생님이 껄껄 웃으며 말했다.

"저건 풍력 발전기란다."

"풍력 발전기요?"

인어 아저씨와 아이들이 동시에 물었다.

그때 혜리가 켜 둔 라디오에서 돼지 기상 예보관의 목소리가 흘러나왔다.

"꿀꿀꿀, 돼지 기상 예보관이 알려 드리수다, 이제 곧 엄청난 바람이 몰아치겠수다! 훅 날아갈 수도 있으니 조심해야겠수다!"

"풉, 바람이 세 봤자 바람이지."

아로와 아이들은 코웃음을 쳤다. 그런데 산 너머에서부터 거대한 무언가가 몰려오기 시작했다. 그것이 저 멀리서 다가오기 시작하자 나뭇가지가 흔들

리기 시작했다.

곧이어 뿌연 먼지가 일어나더니 눈 깜짝할 사이에 공원 가득 먼지구름이 생겼다.

"콜록콜록!"

아이들이 기침하며 소매로 코끝을 감쌀 때였다. 갑자기 엄청난 바람이 불어오더니 나무가 송두리째 뽑혀 버렸다.

"애들아, 바위 뒤로 숨어!"

공부균 선생님은 아이들을 데리고 바위 뒤로 몸을 숨겼다. 하지만 욕조 속에 숨어 있던 인어 아저씨는 미처 몸을 피할 수가 없었다.

"끄아악!"

인어 아저씨가 있던 욕조가 통째로 바람에 휩쓸려갔다.

가오리연이 된 아로와 아이들

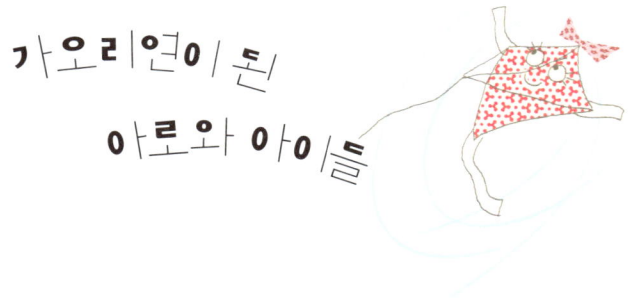

"꾸, 꾸, 꾸웅……."

혜리의 라디오가 이상한 소리를 냈다. 돼지 기상 예보관의 목소리도 더 이상 들리지 않았다.

"휴, 바람이 지나간 것 같구나."

바위 뒤에 몸을 숨기고 있던 공부균 선생님이 몸을 일으켰다. 선생님의 머리는 바람에 휘날려서 엉망이 되어 있었다.

"인어 아저씨는 어디로 사라진 걸까?"

건우가 걱정스럽게 말하자 아로가 중얼거렸다.

"한 가지 확실한 건, 바람이 멈춘 곳에 인어 아저씨가 있다는 거지."

"어떻게 해야 인어 아저씨를 다시 만날 수 있을까?"

그때 혜리가 무릎을 탁 쳤다.

"아빠, 변신 쿠키! 그걸로 우리를 하늘을 나는 연으로 만들어 주세요."

"오, 마침 쿠키를 가져왔는데."

공부균 선생님은 주머니를 주섬주섬 뒤적거리더니 쿠키를 꺼냈다.

"몸을 피할 때 쿠키가 망가진 모양이로구나. 완전 부스러기가 됐네. 그래도 성능은 멀쩡할 거야."

공부균 선생님은 부스러기를 아이들의 입에 털어 넣었다.

그리고 얼마나 지났을까? 제일 먼저 반응이 온 건 아로였다. 아로는 팔다리가 넓적해지더니 흐물흐물 종이로 바뀌었다. 몸통 한가운데는 동그란 구멍이 뚫렸고 머리는 뾰족해졌다.

"으흐흐, 몸이 점점 가벼워지고 있어!"

때마침 바람이 불어오자 아로의 몸이 휙 떠올랐다.

그 사이 혜리와 건우, 공부균 선생님의 몸도 연으로 바뀌기 시작했다. 바닥에 떨어진 쿠키 포장지를 할짝할짝 핥던 에디슨의 몸은 조금 넓적하고 두껍게 바뀌었다.

휘이익!

바람이 불어오자 아이들과 공부균 선생님, 그리고 에디슨은 모두 하늘을 나는 연이 되어 떠올랐다.

"우아! 이렇게 하늘을 나는 건 정말 색다른데?"

"바람아, 우릴 인어 아저씨에게 데려다줘!"

아이들은 바람을 타고 날며 소리를 질렀다.

그렇게 바람을 타고 다니던 아이들은 나뭇가지 사이에 걸려 있는 욕조를 발견했다. 욕조는 뒤집혀 있었고 그 속엔 아무도 보이지 않았다.

"엇, 인어 아저씨는 어디로 간 거지?"

아이들은 서둘러 손발을 다시 통통하게 만들었다. 그러자 바람을 타고 날던 가벼운 몸이 바닥으로 툭 곤두박질쳤다.

"아이쿠, 원래대로 돌아오는 속도를 조절해야 했는데."

아이들은 엉덩방아를 찧으며 바닥에 툭툭 떨어졌다. 그러자 개미핥기 한 마리가 고개를 쭉 내밀더니 '크크크' 하

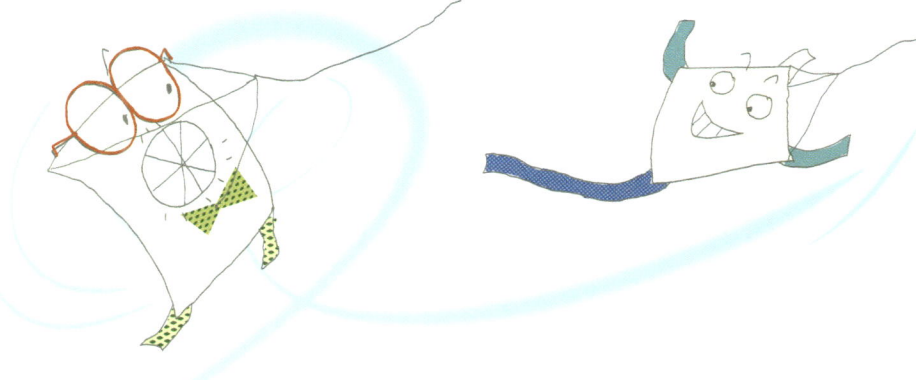

고 웃었다.

"저 개미핥기가 대체 왜 웃는 거야? 우릴 비웃는 건가?"

"어쩐지 그래 보여."

아로와 혜리가 개미핥기를 찌릿 째려봤다.

"나야, 나."

개미핥기가 익숙한 목소리로 말했다. 그 목소리는 영락없는 인어 아저씨 목소리였다.

"설마 개미핥기랑 뽀뽀하신 거예요?"

"내가 있던 욕조가 뒤집히는 바람에 바닥에 곤두박질치고 말았지. 너희도 알다시피 나는 물이 없으면 버티기 힘들어. 그때 무언가 땅속에서 고개를 내밀더니 나를 향해 입술을 옴짝달싹 움직이는 거야."

인어 아저씨는 덕분에 살았다며 아찔했던 순간을 이야기했다.

"아, 불쌍한 개미핥기!"

아로가 무심코 뒷걸음질을 칠 때였다. 무언가 물컹하고 끈적끈적한 것이 느껴졌다. 소스라치게 놀란 아로가 바닥을 내려다보는 찰나, 개미핥기가 된 인어 아저씨가 씨익 웃으며 말했다.

"내가 개미핥기가 되고 보니 생각보다 똥을 엄청 많이 싸더구나."

"윽!"

"뭐야, 여기저기 다 똥 밭이네!"

"전부 다 내 똥은 아니라고. 난 똥쟁이가 아니야!"

개미핥기가 된 인어 아저씨가 고래고래 소리칠 때였다. 공부균 선생님이 짱구 머리를 긁적긁적하더니 똥도 탄소를 배출하지 않는 중요한 에너지원이 될 수 있다고 말했다.

"똥이요?"

"그래, 바이오매스로부터 친환경 수소를 생산해내는 기술도 있지."

"그게 가능하다고요?"

아이들이 두 눈을 휘둥그레 떴다.

개미핥기로 변한 인어 아저씨가 콧구멍을 벌름거리며 말했다.

"똥이 갑자기 금덩이로 보여."

"똥 냄새도 향기로운데?"

이야기를 들은 아이들은 서로 얼굴을 바라보며 킥킥 웃었다. 공부균 선생님도 빙그레 미소를 지었다.

거대한 플라스틱 섬

세 번째 실험
플라스틱과 쓰레기 알아내기

창의력 호기심

플라스틱과 쓰레기는 지구를 어떻게
뜨겁게 만들고, 생명을 어떻게 위협할까?
플라스틱 섬은 왜 생긴 것이고,
동물은 왜 플라스틱과 비닐을 먹을까?
쓰레기를 태웠을 때 탄소가 왜 많이 발생할까?

사과 도둑이 보낸 메시지

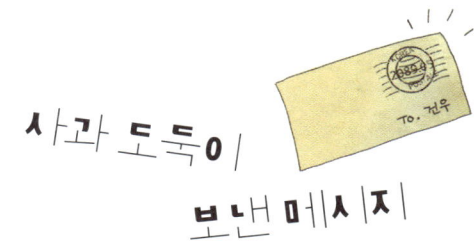

 에디슨은 시무룩한 얼굴로 과학교실의 소파에 앉았다. 아까부터 자꾸 인어 아저씨가 뽀뽀하려고 기회를 엿보았기 때문이다.
 "에디슨, 한 번만, 쪼옥!"
 "캬아옹!"
 귀찮아진 에디슨이 인어 아저씨를 향해 분노의 발길질을 했다. 아직 개미핥기 상태인 아저씨는 발랑 넘어지고 말았다.
 에디슨은 모든 게 귀찮다는 듯 책장 위로 올라갔다. 그 바람에 대충 쌓아둔 책들이 와르르 무너져 내렸다. 하마터면 아로의 머리 위로 책이 쏟아질 뻔했다.
 "헉!"
 아로가 딱 한 발자국만 더 가까이 있었더라도 완전 납작

만두가 되었을 것이다.

"에디슨, 그러니까 나한테 뽀뽀 좀 해주지 그랬어."

개미핥기인 인어 아저씨가 시무룩하게 말할 때였다. 아로가 책 사이에서 편지 하나를 발견했다.

"엇, 건우에게? 이거 너한테 온 편지 맞지?"

건우는 자기에게 온 편지가 왜 여기 있는 거냐며 편지 봉투

를 뒤적거렸다. 그 순간 혜리는 건우의 편지를 낚아챘다.

"야, 이거 2089년에 너한테 보낸 편지야."

"그걸 어떻게 알아?"

"여기 봐, 우표와 직인이 보이잖아. 편지를 보낼 때 우체국에서 찍어주는 직인에는 날짜가 찍힌다고."

아니나 다를까, 편지에는 정말 2089년 도장이 찍혀 있었다. 건우는 주섬주섬 편지 봉투를 열어보았다.

안녕, 혜리, 그리고 건우와

그 커다랗고 털 많은 고양이도 함께 있겠지?

물론 짱구 머리 선생님도 말이야.

모두 잘 들어, 이제부터 미래에 대해 예언을 해주지.

사과 도둑을 잡지 못한 건우의 아빠는 회사에서 해고될 거야.

일자리를 잃은 건우네 집은 가난해질 테고 결국, 이사해야겠지.

그 후 건우는 사과의 '사'자만 들어도 괴로워하는 어른으로 자라겠지.

편지를 읽던 건우의 눈에서 눈물이 뚝뚝 떨어졌다.

"흑흑, 안 그래도 요즘 사과 도둑을 잡지 못한 아빠가 무척 괴로워하고 있었는데!"

"진정하고 다음 장을 읽어 보자고."

아로는 편지를 낚아채 읽기 시작했다.

> 사과 도둑도 잡고 모든 일의 진실을 알고 싶다면
> 지구에 없는 땅으로 와.
> 나는 땅이지만 땅이 아니고
> 언제든 움직일 수 있는 곳에 있다.
> 너희를 기다리고 있으마.
> -사과 도둑-

"대체 사과 도둑이 어디 있다는 거지?"

혜리가 팔짱을 끼며 끙, 하고 콧김을 내뿜었다.

"땅이지만 땅이 아니고."

"언제든 움직일 수 있다고? 세상에 그런 곳이 있나?"

아로와 건우가 중얼거릴 때였다. 개미핥기인 인어 아저

씨가 끼어들었다.

"있지."

"거기가 어딘데요?"

"슈퍼 거북이 등이라든지 태평양 고래의 등 같은 곳은 땅이 아니지만, 우리가 놀 수 있는 땅이고 움직이기까지 한다고."

"헉!"

아이들은 인어 아저씨의 말이 얼추 맞는다고 생각했다.

"아저씨, 당장 바다로 가요!"

"싫어, 난 아직 해야 할 일이 있어. 임무도 못 마치고 다시 집으로 돌아갈 순 없어."

고집을 부리던 인어 아저씨는 건우의 눈을 바라보았다. 건우는 두 눈에 눈물이 그렁그렁 차 있었다.

"좋아, 가자고."

인어 아저씨의 말이 떨어지기 무섭게 건우의 얼굴에 웃음이 퍼졌다.

이렇게 해서 공부균 선생님과 아이들은 인어 아저씨와 함께 바다로 가게 되었다. 인어 아저씨는 움직일 수 있는 땅 중에 인어들이 가장 좋아하는 곳을 안내해 주겠다고 했다.

"짠!"

인어 아저씨가 말한 휴양지는 슈퍼 거북의 등껍질이었다. 마치 거대한 뒷동산처럼 볼록 솟아 있는 등껍질 위에는 그네와 미끄럼틀은 물론 롤러코스터까지 있었다. 움직이는 해양 놀이동산이라고 해도 어울릴 것 같았다.

"여기 사과 도둑이 있는 걸까?"

"찾아보자!"

아로와 건우, 혜리가 놀이동산처럼 거대한 거북의 등껍질 위를 살필 때였다. 어디선가 지독한 악취가 풍겼다.

"윽, 아로야, 방귀 뀌었니?"
건우가 코를 틀어막으며 물었다.
"아니?"

아로는 이런 중요한 순간에 방귀를 뀔 리 있느냐며 고개를 돌렸다. 바로 그때 거대한 섬이 나타났다. 조금 전까지 틀림없이 없었던 섬이 눈 깜짝할 사이에 나타나다니. 아이들은 두 눈을 휘둥그레 치켜떴다.

플라스틱 섬이 나타났다

"저 섬은 뭐죠?"

"저건 섬이 아니라 쓰레기들이야. 플라스틱 쓰레기가 모여서 거대한 섬처럼 된 것이지."

섬은 아주 거대해 보였다.

"우와, 웬만한 나라보다 더 클 것 같은데?"

망원경으로 섬을 살펴본 혜리가 혀를 내둘렀다.

"흠, 말로만 듣던 쓰레기 섬을 실제로 보다니. 저 섬은 대략 한반도 면적 7배 정도 된다더구나."

공부균 선생님 말씀에 아로와 건우는 두 눈이 튀어나올 것처럼 놀란 표정을 지었다.

"힉, 우리나라의 7배라고요?"

"쓰레기가 엉켜서 엄청난 크기의 섬이 되었다니, 믿을 수가 없어요!"

"정말이란다. 저 섬의 전체 쓰레기양은 8만 톤이 넘고, 그중 80% 이상이 플라스틱일 거라더구나. 더욱 무서운 것은 쓰레기 섬이 점점 커지고 있다는 것이지."

"어쩔 수 없죠. 인간들이 쓰레기를 자꾸 버리니까 쓰레기 섬이 커질 수밖에요."

인어 아저씨가 콧구멍을 벌름거리며 대꾸했다.

"가만, 사과 도둑이 있는 곳을 알겠어!"

혜리가 무릎을 탁 치며 말했다.

"어디?"

"사과 도둑은 거북 놀이동산에 숨은 게 아니라 저 쓰레기 섬 어딘가에 있을 거야. 도둑이 숨기 딱 적당한 곳이잖아."

"맞는 말 같아."

아이들은 쓰레기 섬으로 헤엄쳐 갔다. 가까이 갔더니 엄청난 악취가 풍겨왔다. 어찌나 지독한지 눈도 제대로 못 뜰 것만 같았다. 콧구멍이 큰 인어 아저씨는 쓰레기 섬 가까이 가는 것이 너무 괴롭다며 중간에 포기할 정도였다.

"이대로 포기할 순 없어요. 놈을 꼭 찾아야 한다고요."

"맞아, 건우 아빠가 억울하게 누명을 쓴 거잖아요!"

아로와 혜리는 인어 아저씨에게 조금만 더 용기를 내달라고 부탁했다. 그러자 인어 아저씨는 인어인 상태로 있으면 후각이 예민해서 버티기 힘드니 사람으로 변신할 수 있게 도와달라고 했다.

"어쩔 수 없죠!"

아로는 두 눈을 질끈 감고 인어 아저씨와 입맞춤을 했다.

쪼옥-!

눈 깜짝할 사이에 아로로 변한 인어 아저씨는 쓰레기 더미 사이를 헤엄쳐 갔다. 공부균 선생님과 아이들은 그 뒤를 따라갔다.

한참 헤엄치던 아로, 아니, 인어 아저씨가 플라스틱 쓰레기를 밟고 올라섰다. 누군가를 보았기 때문이었다.

"누구냐!"

그 외침을 들은 누군가가 재빨리 모습을 감추었다. 뒤늦게 도착한 아로와 건우, 혜리와 공부균 선생님은 무얼 본 거냐고 물었다.

"틀림없이 저기 사람이 서 있었어."

인어 아저씨가 가리킨 곳은 엄청난 냄새를 풍기는 쓰레기 섬의 중심지였다. 혜리는 자기도 모르게 '우웩!' 구역질

했고 건우도 코를 틀어막았다.

"이 냄새를 맡고 어떻게 버티는 거지?"

"윽, 미래에 사는 사람들은 콧구멍이 없을지도 몰라."

그때 다시 누군가 모습을 드러냈다. 머리는 반짝반짝 대머리였고 얼굴은 쟁반처럼 컸다. 쭉 찢어진 눈은 단춧구멍보다 작고 코는 너무 납작해서 있는 건지 없는 건지 구별

이 잘 안 되었다. 게다가 콧구멍도 너무 작아서 숨을 쉴 수 있는 건지 궁금할 정도였다.

"당신이 사과 도둑인가요?"

건우가 묻자 그가 천천히 고개를 끄덕였다.

"빨리 훔쳐 간 사과 돌려줘요!"

"싫어."

"미래엔 사과가 없다던데, 맛을 보고 싶어서 그래요?"

"그래, 책에서만 보았던 과일 맛이 실제로는 어떨지 궁금하긴 했지."

인어 아저씨인 아로와 혜리는 일부러 사과 도둑에게 말을 계속 걸었다. 그 사이 건우와 진짜 아로는 사과 도둑의 뒤쪽으로 살금살금 걸어갔다. 사과 도둑을 한 번에 붙잡을 계획이었던 거다.

"냄새가 나서 더는 못 가겠어."

아로가 조용히 헛구역질했다.

"사과 도둑은 콧구멍이 작아서 냄새도 못 맡는 건가?"

그러자 사과 도둑이 피식 웃으며 말했다.

"이쪽으로 오면 냄새가 더 심할 텐데? 나는 괜찮아. 우린 이런 냄새에 아주 익숙하거든. 미래 세상엔 미세먼지와 더러운 냄새가 가득하지."

"미래엔 공기청정기 같은 거 없어요?"

혜리가 감탄할 때였다. 진짜 아로와 건우가 숨을 참은 채 사과 도둑에게 덤벼들었다. 하지만 사과 도둑은 피식 웃음을 짓더니 금세 어디론가 사라져 버렸다.

슈퍼 거북의 배 속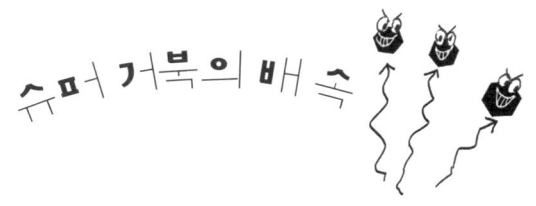

"도저히 못 참겠어!"

건우는 사과 도둑을 붙잡으려면 쓰레기 섬을 없애는 수밖에 없다고 말했다. 하지만 거대하고 엄청난 양의 쓰레기들을 한꺼번에 없앨 방법이 뾰족이 떠오르지 않았다.

"나한테 좋은 생각이 있는데!"

아로는 쓰레기들을 모조리 태워버리자고 했다.

"맞네! 그런 방법이 있었어!"

그러자 공부균 선생님이 고개를 가로저었다.

"큰일 날 소리. 이곳의 쓰레기는 대부분 플라스틱이기 때문에 태우면 큰일이 생길 거야."

"무슨 일요?"

"비닐이나 플라스틱을 태우면 사람들 몸에 나쁜 영향을 주는 독성 물질이 배출된다고. 그중에는 독성 물질인 다이옥신이라는 것도 있어. 다이옥신은 단 1g만으로 몸무게 50㎏이 나가는 어른 2만 명을 죽일 수도 있다고 알려진 무서운 기체란다."

"컥!"

아로의 얼굴이 새파랗게 질렸다. 그냥 쓰레기를 태우면 섬을 없앨 수 있을 거라는 단순한 생각을 했을 뿐인데 자칫하면 지구의 인간들 전부를 위태롭게 만들 수도 있다는 얘기에 겁을 먹은 것이었다.

"아빠, 다이옥신이 그렇게 무서운 건가요?"

혜리의 물음에 공부균 선생님은 1968년에 있었던 일을 얘기해 주었다. 그때 일본의 한 회사에서 다이옥신을 바닷가로 흘려보내는 일이 있었는데, 그로 인해서 주민들의 피부, 손톱, 잇몸이 검게 변하고, 온몸에 발진이 생겼다는 것이다.

"잇몸이 검게 변하는 건 별론데."

"그저 그런 변화만 있었다면 다행이지. 그 지역 주민들은 대부분 암에 걸려 죽었단다. 따로 조사해보니 간암 사망률은 3.4배나 높은 것으로 나타났더구나."

"그게 다 다이옥신 같은 물질 때문이라는 거죠?"
"그렇지."
아이들이 공부균 선생님과 이야기를 주고받을 때였다. 갑자기 슈퍼 거북이 구역질을 하기 시작했다.
"우엑!"
슈퍼 거북이 온몸을 비틀고 괴로워했다. 그 바람에 모두 등에서 미끄러지고 말았다. 풍덩풍덩 물에 빠진 아이들은 허우적거리며 헤엄을 쳤다. 바로 그때 구역질을 하던 슈퍼 거북이 허푸 하고 물을 다시 삼켰고, 그 바람에 아이들이

슈퍼 거북의 입으로 빨려 들어가게 되었다.

"끄아악!"

슈퍼 거북의 배 속에 들어가게 된 아로와 혜리, 건우는 두 눈을 휘둥그레 떴다. 거북의 배 속이 온갖 쓰레기로 가득했다.

"거북이 아팠던 건 모두 이 쓰레기 때문이었어."

"먹을 게 없으니 쓰레기를 먹은 건가?"

"그냥 입을 벌리다 보니 쓰레기까지 함께 삼킨 거 아닐까?"

아로는 이 쓰레기들 때문에 거북의 배가 아팠을 것을 생각하니 어쩐지 미안한 마음이 들었다.

"그나저나 여기서 빠져나가려면 어떻게 해야 하지?"

그때 건우가 라이터를 발견했다. 아직 불이 잘 붙는 멀쩡한 라이터였다.

"거북이 라이터를 먹어 치웠을 거라곤 상상도 못 했어."
"플라스틱 페트병은 또 어떻고."
혜리와 건우가 헛웃음을 쳤다.
"얘들아, 여기 있는 쓰레기랑 라이터를 이용해서 모닥불을 피우자. 그러면 거북이 답답해서 또 기침할 거야."
아로의 말에 아이들은 좋은 생각이라며 모닥불을 피우기 시작했다. 불이 붙자 곧 주변에 연기가 자욱해졌다.
"콜록!"
"에취!"
아이들은 답답함을 참지 못하고 기침을 했다. 기침이 나는 건 거북도 마찬가지인 것 같았다. 갑자기 거북의 배 속이 꿈틀꿈틀하더니 아이들의 몸이 밖으로 쑥 빨려 나왔다. 거북이 구역질을 한 덕분이었다.
"거북아, 미안해!"

"우리 인간들 때문에 네가 아픈 거였어."

아로와 아이들은 거북에게 반드시 깨끗한 바다를 돌려주겠다고 약속했다.

수상한 쪽지

"휴, 사과 도둑도 못 잡고 아무것도 건진 것 없이 빈손으로 돌아왔네."

과학교실로 돌아온 아이들이 어깨를 축 늘어뜨렸다. 그때 에디슨이 무언가를 발견한 듯 꼬리를 치켜세우고 문 앞으로 갔다. 에디슨은 앞발로 문을 벅벅 긁기 시작했다. 그걸 본 혜리가 왜 그러느냐고 물었다.

"배고파서 저러는 거 아니야?"

"그럼 냉장고를 긁었겠지."

"문 앞에 뭐가 놓여 있는 건 아닐까?"

아로가 잽싸게 달려 나가 문을 열었다. 그러자 발밑에 쪽지 하나가 놓여 있었다. 쪽지에는 이런 글이 쓰여 있었다.

현재 시각 9시 35분

"이게 뭐지?"

아로가 고개를 갸웃하자 혜리가 말했다.

"뭐긴, 시하고 분은 시간을 나타내는 거잖아."

"누가 그걸 몰라? 지금은 오후 3시인데 왜 9시라고 한 건지 궁금해서 그러지."

"음!"

아이들은 이 쪽지 역시 미래에서 온 사과 도둑이 남긴 것이 아닐까 하고 생각했다. 그렇다면 이 시간은 과연 무엇을 뜻하는 걸까. 아이들은 머리를 긁적거리며 시간을 살폈다.

"이건 혹시 아침 9시 35분에 하는 텔레비전 방송 프로그램을 나타내는 게 아닐까?"

"그 시간에 뭘 하지?"

"맞다, 아침 드라마를 해. 우리 엄마가 엄청나게 좋아하는 드라마야."

"에이, 미래에서 온 도둑이 아침 드라마를 보려고 그러는 건 아닐 거야. 어쩌면 저녁 9시 35분을 뜻하는 건지도 몰라."

"그 시간엔 뉴스를 하지 않나?"

"음, 그렇다면 오늘 저녁 뉴스에 뭔가 나온다는 뜻이 아닐까?"

아이들이 이런저런 추리를 하고 있을 때였다. 공부균 선생님이 청소기를 돌리며 말했다.

"그건 환경 위기 시계 같은데?"

"그게 뭔데요?"

"우리나라의 환경 재단은 일본의 환경 단체인 아사히글라스 재단과 함께 1992년부터 매년 환경 위기 시각을 알리고 있지. 환경 위기 시계가 뒤로 갈수록 인류의 위험이 커진다는 뜻이지. 그리고 마지막 12시가 되면!"

공부균 선생님이 청소기 모터를 껐다. 아이들은 침을 꿀꺽 삼키며 물었다.

"12시가 되면 어떻게 되는데요?"

"뻥! 세계가 멸망하는 거지. 하긴, 지구의 온도를 살펴보면 약 100년 전, 인류가 기온을 측정하기 시작한 이래로 최근의 평균 기온이 가장 높다고 하니 정말 멸망하게 될지도 모르겠어."

공부균 선생님의 말을 듣고 겁을 먹은 아이들은 환경 위기 시계의 바늘을 앞으로 돌리려면 어떻게 해야 하느냐고 물었다.

"글쎄다."

공부균 선생님이 거기까진 모르겠다며 말끝을 흐렸다. 그 말에 겁을 먹은 아로는 당장 지구 말고 다른 행성을 찾아보는 게 좋겠다고 말했다.

"왜?"

건우가 대체 왜 그래야 하냐고 물었다.

"너, 게임을 하다 보면 시간이 얼마나 빨리 가는지 알지?"

"그럼, 눈 깜짝할 사이에 한 시간이 지났을 때도 있지."

"9시 35분이라잖아. 그럼 눈 깜짝할 사이에 10시, 11시가 될 거라고."

"윽!"

건우는 겁을 먹고 얼음이 되어 버렸다. 그때 누군가 똑똑 하고 노크를 했다. 혜리가 문을 열자 사과 도둑이 서 있었다.

"앗, 납작 콧구멍에 단춧구멍 눈을 가진 당신은 사과 도둑!"

"남의 생김새를 그렇게 오목조목 지적하듯 말하는 건 예의가 아니라고."

사과 도둑을 본 건우는 당장 아빠의 억울한 누명을 풀어 달라고 소리쳤다. 그러자 사과 도둑은 지금 중요한 건 그런 게 아니라고 말했다.

"다들 내가 보낸 쪽지의 의미를 알아낸 것 같군. 모두 책임감을 느끼고 있겠지?"

사과 도둑의 말에 혜리와 건우가 말했다.

"이건 우리 힘으로 어쩔 수 없는 거잖아요."

"우리가 일부러 그런 것도 아닌데 왜 그러세요?"

"아니, 너희도 지구의 온도를 높이는 데 한몫을 하고 있어. 혹시 햄버거는 언제 먹었니?"

"갑자기 햄버거는 왜요? 어제 먹은 것 같은데."

아로가 대답하자 사과 도둑이 단춧구멍처럼 작은 눈을 번뜩이더니 말했다.

"지구의 온도가 높아지는 데는 햄버거가 한몫해."

"네?"

"에이."

"설마!"

아이들이 피식 코웃음을 치자 사과 도둑은 속상한 표정으로 물었다.

"피, 어쩐지 억지 같은데."

아로는 사과 도둑에게 도대체 왜 사과를 훔쳐 갔는지, 그리고 그걸 어떻게 했는지 먼저 얘기해 보라고 따지듯 말했다.

그러자 사과 도둑의 단춧구멍 같은 작은 눈에 눈물이 그렁그렁 맺혔다.

"모두 다 말할 테니 나를 도와주겠어?"

"그, 그럴게요."

사과 도둑은 미래에서 온 과학자인데 책에서 본 사과가 너무 먹고 싶어서 타임머신을 타고 온 것이라고 했다. 사과 창고를 습격한 것은 사과를 배불리, 원 없이 먹어 보고 싶어서 그런 것이었다고 한다.

"그럼 사과를 사 먹었어야죠!"

"돈은 안 챙겨왔다고."

사과 도둑은 미래 세상은 지금보다 더 환경 오염이 심각해서 사람도 동물도 식물도 살기 어려운 상태라고 했다. 빙하가 거의 다 녹아서 육지 대부분이 물에 잠겼고, 덕분

에 사람들은 플라스틱 쓰레기들로 만들어진 섬에서 살아가고 있다는 것이었다.

 그 엄청난 이야기를 들은 아로와 혜리, 건우는 식은땀이 났다.
 "윽, 우리가 세상을 그렇게 망친 건가요?"

미래로 가는 엘리베이터

네 번째 실험
숲과 생태계 보호 알아보기

창의력 호기심

지구가 뜨거워지지 않으려면
숲과 생태계를 어떻게 보호해야 할까?
나무와 숲은 탄소를 어떻게 줄일까?
파괴된 생태계를 다시 살리려면 어떻게 해야 할까?

출발, 미래로!

"출발! 간다, 간다, 간다, 뿅!"

사과 도둑이 타임머신의 시동을 걸었다. 음성으로 시동이 걸리는 최첨단 시스템을 갖춘 타임머신은 아로와 혜리, 건우가 올라타자 비좁은 느낌이 들었다.

그때 한쪽 구석에 어깨를 축 늘어트리고 있던 인어 아저씨가 구슬픈 목소리로 물었다.

"정말 나는 안 되는 거니?"

"공부균 선생님이랑 아저씨까지 올라타면 타임머신이 못 움직일 수도 있다잖아요. 에디슨도 못 데려가는데 아저씨를 어떻게 데려가겠어요?"

"힝!"

아로는 억지로 공부균 선생님이랑 인어 아저씨를 밀어냈다.

그 사이, 사과 도둑은 타임머신을 작동시켰다. 그리고 마음속으로 10이라는 숫자를 세고 나니 미래에 도착해 있었다.

미래의 지구는 지금과는 사뭇 달랐다. 사방이 드넓은 사막이었고, 오아시스 주변에는 드높은 빌딩들이 있었다.
"정말 여기가 미래라고요?"

아로가 두 눈을 휘둥그레 뜨며 물었다. 그러자 사과 도둑은 그렇게 입을 쩍 벌리고 있으면 모래바람이 입속으로 들어갈 거라고 했다.

"미래의 도시는 대부분 지하에 만들어졌지. 왜냐면 모래바람이 엄청나게 부니까."
"미래엔 숲이 없어요?"

건우가 묻자 사과 도둑이 씁쓸한 표정을 지었다.

"숲이 있었다면 내가 사과를 훔치러 갔겠니?"

"아!"

사과 도둑은 지하 도시로 내려가자고 말했다. 아로는 미래 세상에 사는 사람들이 먹는 음식은 어떨까 하는 생각에 잔뜩 들떠 있었다.

"난 식당부터 가겠어!"

"난 미래 세상의 놀이동산이 어떨지 너무 궁금해."

"정말 로봇이 인간 대신 모든 걸 다 해줄까? SF 영화 같은 걸 보면 로봇이 유모도 되고 가사 도우미도 되고 학교 선생님도 되잖아."

아이들이 중얼거릴 때였다. 아로의 귓가에 뭔가 엥엥거리는 소리가 났다. 모기가 날아다니는 것 같았다. 아로는 모기를 잡으려고 손뼉을 쳤다. 그러자 모기가 외마디 비명을 내질렀다.

"으악, 날 죽일 셈이냐!"

"인어 아저씨?"

놀랍게도 그 모기는 인어 아저씨가

변한 모습이었다.

타임머신을 타고 싶었지만, 아이들에게 쫓겨난 인어 아저씨는 모기 한 마리를 발견했고, 뽀뽀를 쪽 했다고 한다. 그리고 모기로 변신해서 아로의 등에 붙어 미래 세상으로 온 것이었다.

"엥엥, 난 미래의 바다가 궁금해!"

"바다라면 얼마든지 구경할 수 있어요. 사막을 조금만 벗어나면 바다가 있거든요."

사과 도둑이 말했다.

"미래 세상엔 바다가 더 커졌나 보죠?"

"빙하가 완전히 녹아서 바닷물이 더 불어나게 됐지. 덕분에 해수면 상승으로 바닷물이 지하수에 섞이는 바람에 마실 수 있는 물이 줄어들게 됐단다."

"헉!"

사과 도둑은 미래에선 금보다 석유보다 물이 더 귀하다고 했다. 사과 도둑이 이런 설명을 하고 있을 때였다. 갑자기 지하 통로에 "삐-삐-삐" 하는 요란한 소리가 울려왔다.

지구 온난화로 인해 전 세계 숲의 1/3이 이상이 사라져 버렸어.

그래서 숲에 살던 동물도 멸종되었고, 기온 변화에 적응하지 못한 식물들도 거의 다 멸종되었단다.

그것 때문에 농작물 수확량이 줄어서 제대로 된 음식을 먹을 수가 없게 되었어.

아, 배고파.

꼬르륵 꼬르륵

할 수 없이 미래 세상 사람들은 건강을 유지할 수 있는 알약으로 버텨야만 하지.

"이게 무슨 소리죠?"

혜리와 건우는 주위를 두리번거렸다.

"엥엥, 설마 우리가 온 걸 눈치채고 환영 파티라도 해주려는 건가?"

모기로 변한 인어 아저씨가 눈치 없는 말을 늘어놓을 때였다. 사과 도둑이 서둘러 대피 시설로 피해야 한다며 아이들을 잡아끌었다.

"갑자기 왜 피해야 하는 건데요?"

"빨간 불과 함께 울리는 경고음은 허리케인이 불어닥친다는 경고야."

"뜬금없이 허리케인이 온다고요?"

"이게 다 지구 온난화로 인해 생긴 일들이지. 예전의 우리나라는 봄, 여름, 가을, 겨울 사계절이 있었지만, 이제는 여름밖에 남지 않았어. 1년 내내 무더위만 계속되는 거지. 그리고 날씨도 오락가락 종잡을 수가 없지."

아로는 세상 사람들이 모두 두더지처럼 땅속에서만 지내야 한다는 게 믿기지 않았다.

바깥으로 나가고 싶어도 툭하면 모래 폭풍이 불어닥치고

언제 어떻게 변할지 모르는 날씨 때문에 가슴을 졸여야 한다니!

게다가 더욱 처참한 것은 미래 세상엔 먹을 것이 풍족하지 않다는 것이었다.

"우리가 미래의 사람들을 도울 방법은 없는 건가요?"

"방법이 있다면 알려주세요!"

혜리와 건우가 물었다.

그러자 사과 도둑은 단춧구멍만 한 눈을 끔뻑거리더니 어렵게 입을 열었다.

"지구 온난화를 막으려면 온실가스를 줄여야 해. 하지만 온실가스는 한 나라의 힘만으로는 줄일 수 없어. 어느 한 나라에서만 온실가스를 줄인다고 해결되는 건 아니거든."

"그래도 백지장도 서로 맞들면 낫다잖아요. 뭐든 우리가 힘을 합치면 조금 나아지지 않을까요?"

아로의 말에 사과 도둑은 자신이 연구 중인 방법이 하나 있다며 말끝을 흐렸다.

미래의 하늘

 사과 도둑은 미래의 하늘을 보여주겠다고 말했다. 사과 도둑은 아이들을 데리고 어떤 엘리베이터 앞으로 갔다.
 "엇, 이건 공부균 선생님의 과학교실에서 보던 엘리베이터 같은데?"
 "그것보다 훨씬 업그레이드된 것이라고 할 수 있지. 이건 갑자기 우주로 튀어 나가는 대신 가고 싶은 곳에 아주 정확히 도착할 수 있단다."
 사과 도둑의 말에 인어 아저씨가 엥엥거렸다.
 "엥엥, 혹시 공부균 선생님도 미래에서 온 분이 아닐까?"
 "우리 아빠 그냥 아빠거든요? 무엇보다도 우리 아빠 미래 사람들보다 눈도 크고 콧구멍도 크다고요!"
 혜리가 도끼 눈을 뜨고 대꾸하자 인어 아저씨가 아로의 귀에만 들릴 정도로 작은 목소리로 대꾸했다.

"그래, 머리도 크고!"

그 사이 엘리베이터 문이 열렸다. 아이들이 엘리베이터에 올라타자 사과 도둑은 '대'라고 쓰인 버튼을 꾹 눌렀다.

"대? 어디로 가는 거죠?"

"대한민국?"

"대만?"

아이들이 '대'자가 들어가는 장소를 추리할 때였다. 갑자기 엘리베이터 문이 열리더니 하늘 전망대가 나타났다. 전망대 주변은 뿌옇고 지독한 냄새로 가득했다.

"윽, 냄새!"

"숨쉬기가 너무 괴로워!"

아이들이 콜록거리자 사과 도둑은 주머니에서 마스크를 꺼내 주었다. 그 마스크는 산소를 제공해주는 특수 마스크라고 했다.

마스크를 쓰자 한결 숨쉬기가 편했다. 아이들은 전망대 한가운데 있는 동그란 광장까지 걸어갔다. 그러자 끈적거리는 먼지가 아이들의 살갗에 덕지덕지 달라붙는 느낌이 들었다. 게다가 무언가 답답한 느낌이 들어 갑갑하기 그지

없었다.

"윽, 미래 세상의 하늘은 정말 최악이네요."

"맞아, 갑갑해 견디기 힘들어."

"과거의 지구는 생명체가 살아가기에 알맞은 온도인 섭씨 15℃ 정도를 유지하고 있었지. 그게 가능했던 건 이산화탄소와 온실가스 덕분이었어."

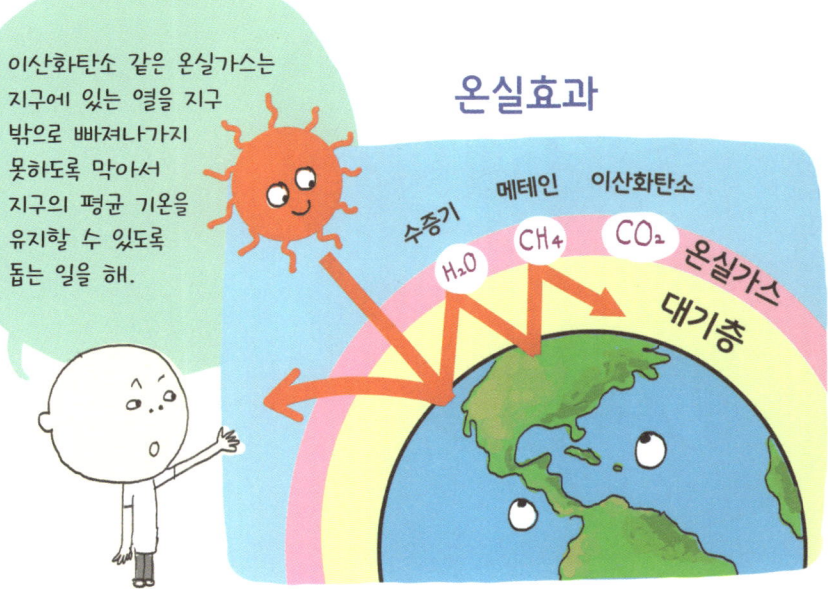

사과 도둑이 슬픈 단춧구멍 눈을 반짝이며 말했다.

"인간들을 이렇게 살기 힘들게 하는 이산화탄소가 오히려 도움이 된 적도 있었던 건가요?"

아로와 건우가 중얼거릴 때였다.

"이산화탄소 같은 온실가스는 많으면 많은 대로 문제고, 적으면 적은 대로 문제지. 그걸 몰랐던 과거의 사람들은 석탄이나 석유 같은 화석 연료를 무분별하게 사용했고, 덕분에 온실가스가 지나치게 많아지게 됐지."

"윽!"

"이산화탄소를 흡수하는 숲이라도 많으면 괜찮았을 텐데, 개발에 눈이 먼 사람들은 자기들이 편리하게 살기 위해서 숲을 없애 버렸어. 그 결과가 지금 이런 지구를 만든 거지."

"숲을 없앴기 때문에 이런 지구가 된 거라고요?"

아로가 되묻자 사과 도둑이 고개를 끄덕였다.

"그래, 나무의 힘은 엄청나. 나무가 대기 중의 이산화탄소를 흡수하거든. 과거의 지구 사람들이 나무만 더 많이 심었어도 뜨거워진 지구를 식힐 수 있었을 텐데!"

그 말을 들은 아로와 아이들, 그리고 모기로 변한 인어 아저씨는 헛웃음을 쳤다. 나무가 지구를 되살릴 수 있다는 말이 어쩐지 믿기 힘들었다.

"에이, 그래도 나무가 지구를 구할 수 있다는 건 좀 과장된 표현이죠?"

아로가 묻자 사과 도둑이 한숨을 내쉬더니 말을 이었다.

"너희들이 사용하는 종이컵이 일 년에 120억 개 이상이라는 건 알고 있니?"

"그 정도나 되나? 하긴, 우리 엄마도 컵을 씻기 귀찮다고 종이컵을 사용하시긴 해요."

건우가 대꾸하자 사과 도둑이 단춧구멍처럼 작은 눈을 찌푸렸다.

"종이컵 120억 개를 만들면서 나오는 이산화탄소의 양은 13만 2천 톤에 달한다고. 고작 5그램짜리 종이컵을 만들면 이산화탄소의 양이 무려 11g으로 늘어나는 거야."

사과 도둑은 그렇게 나무를 베어 버리고 썼기 때문에 탄소가 늘어나게 되었고, 지구가 이 지경이 된 거라고 경고하듯 말했다.
"어쩐지 내가 나무를 발로 찼던 게 후회돼."
"나는 공책을 함부로 벅벅 찢은 걸 후회하고 있어."
"휴지도 너무 펑펑 쓴 것 같아!"

미래 엘리베이터의 비밀

"엇? 엘리베이터 문이 조금씩 닫히고 있어. 아깐 활짝 열려 있었는데!"

아로가 아까 타고 온 엘리베이터를 가리키며 말했다. 그러자 사과 도둑이 빨리 뛰어가 엘리베이터를 타야 한다고 외쳤다.

"왜요?"

"설명할 시간이 없어, 일단 뛰어!"

아이들은 영문도 모르고 헐레벌떡 뛰기 시작했다. 먼저 도착한 사과 도둑이 엘리베이터 문을 가로막고 서서 아이들이 다 탈 때까지 기다려 주었다. 덕분에 간신히 엘리베이터 안에 들어온 아이들이 벅찬 숨을 내쉴 때였다.

"엇, 아까와 뭔가 달라진 것 같은데?"

아로는 엘리베이터의 버튼을 보고 고개를 갸웃했다. 그

때 사과 도둑이 한 발 뒤로 물러섰다. 아로는 어째서 엘리베이터에 타지 않는 거냐고 물었다. 그러자 사과 도둑은 이제 너희가 돌아갈 때가 된 것이라며 등을 돌려 버렸다.

"엇, 문이!"

사과 도둑에게 무언가를 물어볼 틈도 없이 엘리베이터의 문이 닫혀 버렸다. 아로는 6개의 버튼 중 무엇을 눌러야 할지 몰라 망설이다가 맨 아래에 있는 버튼을 눌렀다. 그러자 엘리베이터는 급격하게 빠른 속도로 아래를 향해 내려갔다.

"으아악!"

한참 만에 도착한 엘리베이터의 문이 열렸다. 그 순간 아이들은 얼음처럼 멈춰 선 채 꼼짝도 할 수가 없었다.

"여, 여긴 교장실이잖아?"

"어떻게 미래에서 엘리베이터를 탔는데 교장실이 나온 거지?"

건우는 교장실 주변을 두리번거렸다. 그때 벽면에 걸린 공부왕 교장 선생님의 사진이 눈에 띄었다. 그 사진을 본 혜리가 팔짱을 낀 채 심각한 목소리로 중얼거렸다.

"얘들아, 우리 공부왕 교장 선생님이랑 사과 도둑이랑 어쩐지 닮은 것 같지 않니?"

"맞아, 눈이 더 작고, 코가 더 납작하고, 콧구멍이 더 작은 걸 빼면 공부왕 교장 선생님이랑 똑같아!"

아로는 공부왕 교장 선생님의 사진에다 매직으로 단춧구멍 같은 눈을 그려 넣었다.

"헉!"

"그…… 그렇다면 공부왕 교장 선생님의 후손이 사과 도둑인 거야?"

그때 아로가 주머니에서 뭔가를 발견했다. 그것은 사과

도둑이 쓴 쪽지였다.

> 사과를 훔친 건 미안했다.
> 사과의 값은 조상님께 대신 달라고 하렴.
> -사과 도둑-

그랬다.
공부왕 교장 선생님은 사과 도둑의 조상이었다.
"사괏값을 어떻게 달라고 하지?"
"불쑥 돈을 물어 달라고 하면 주지 않을 텐데."
아이들이 머리를 맞대고 고민할 때였다. 갑자기 스산한 기운이 느껴졌다. 몸의 털이 곤두서고 뒷덜미가 싸늘해지는 느낌이 들었다.
"엥엥!"
모기로 변한 인어 아저씨가 뭔가를 알리려는 듯 아로와 아이들 주변을 날아다녔다. 아이들은 대체 무슨 일인가 하고 다시 주변을 두리번거렸다. 그때 책상 밑에서 무언가 쓱 하고 나타났다. 그것은 공부왕 교장 선생님이었다.

"대체 나의 후손이 뭘 어쨌다는 거죠?"

"공, 공부왕 교, 교장 선생님!"

"언제부터 여기 계셨어요?"

"여러분이 나의 엘리베이터에서 나올 때부터요."

공부왕 교장 선생님이 두 눈을 번뜩이며 아이들을 째려보았다.

"대체 여기서 뭘 한 거죠?"

"그게 아니고, 미래에서 엘리베이터를 탔는데 맨 아래층 버튼을 눌렀더니 여기가…… 하하, 안 믿기시겠지만 진짜!"

건우가 아로의 입을 틀어막았다. 공부왕 교장 선생님은 무슨 헛소리를 하느냐는 표정으로 아이들을 빤히 바라보았다.

"힝, 사괏값은 어떡하지?"

건우가 어깨를 축 늘어트릴 때였다.

공부왕 교장 선생님의 책상에 놓인 전화가 따르릉 울렸다. 공부왕 교장 선생님은 전화를 받아야 한다며 나가라는 듯 손을 휘저었다. 그 사이에 아이들은 후다닥 교장실을 빠져나왔다.

마지막 소풍

"꿀꿀꿀."

어디선가 돼지 소리가 울려 퍼졌다.

"꿀꿀꿀, 오늘의 일기예보를 알려드리겠수다. 한번 들어 봐수다."

혜리의 라디오 속에서 돼지 기상 예보관의 목소리가 들려왔다.

"꿀꿀꿀, 지금 과학교실의 날씨는 맑음이수다. 이럴 땐 소풍 가기 딱 좋은 날이지 싶수다."

"흥, 돼지들이 엉터리 일기예보를 하네."

혜리가 콧방귀를 꼈다.

바깥 날씨는 매우 흐렸다.

하늘이 어두컴컴한 것이 금방이라도 폭우가 쏟아질 것 같았다. 그러거나 말거나 아로는 인어 아저씨를 위해 마지막으로 소풍을 가자고 했다.

"아저씨가 바다로 돌아가면 언제 또 만날지 모르잖아."

"금방이라도 비가 올 것 같은 날씬데 어디로 소풍을 가자는 거야? 요즘 비는 산성비라서 맞으면 대머리가 된다고."

혜리가 못마땅해서 투덜거렸지만 아로는 함께 소풍을 가자고 고집을 부렸다.

모기로 변한 인어 아저씨도 계속해서 혜리의 귓가를 빙빙 돌아다니며 엥엥거렸다. 혜리는 하는 수 없이 소풍 갈 준비를 하겠다고 했다.

"건우야, 너도 갈 거지?"

"난······."

건우는 아빠의 일이 신경 쓰여서 소풍 같은 건 가고 싶지 않은 눈치였다. 하긴, 이대로 사과 도둑이 훔쳐 간 사괏값을 물어내지 못하면 큰일이 생길 게 뻔했다.

"걱정은 일단 접어두고 가까운 공원으로 소풍을 가 볼까?"

공부균 선생님이 말했다.

"비가 오면 어떡해요?"

"요즘처럼 오락가락하는 날씨는 금방 좋아지기도 해."

공부균 선생님은 소풍을 가서 먹을 음식을 준비를 하겠다며 조리대 앞으로 갔다. 혜리는 도시락을 쌀 거면 맛있는 햄버거를 만들어 달라고 했다.

"햄버거, 좋지!"

무언가를 뚝딱뚝딱 만든 공부균 선생님은 소풍 바구니를 들고 앞장섰다.

"아빠, 공원까지 걸어가게요?"

"택시를 타면 안 되나요?"

"가까운 거리를 갈 때는 걷거나 자전거를 타고 가도록 하자고. 먼 거리를 이동할 때는 버스나 전철을 이용하고."

"귀찮은데!"

아이들이 투덜거리자 공부균 선생님이 빙그레 웃으며 말했다.

"이정도 작은 실천과 노력도 하지 않으면 나무를 백날 심어 봤자 지구 온난화를 막을 수 없을걸."

공원에 도착한 아이들과 공부균 선생님, 그리고 에디슨과 모기, 아니, 인어 아저씨는 돗자리에 앉아 푸른 숲을 바라보았다.

"공원이 정말 예쁘네."

인어 아저씨가 말하자 공부균 선생님은 원래 이곳은 쓰레기 매립지였다고 했다.

"쓰레기를 잔뜩 쌓아두는 곳이요?"

"그래, 한때는 이곳이 먼지와 악취, 파리가 들끓었지. 하지만 생태 공원으로 탈바꿈했단다."

"우와, 여기에 쓰레기가 산처럼 쌓여 있었다니!"

"인간의 노력과 과학 기술이 더해지면 환경은 얼마든지 달라질 수 있어. 그러니 미래를 바꾸는 것도 불가능한 일은 아니란다."

공부균 선생님은 배가 고프다며 소풍 바구니를 열었다. 그 속에는 콩 고기로 만든 햄버거가 있었다.

"난 소나 돼지 같은 고기가 좋은데."

혜리가 햄버거를 쳐다보며 중얼거렸다.

"사람들이 즐겨 먹는 소와 양 같은 초식 동물은 소화를

시킬 때 온실가스인 메탄을 많이 발생시킨다는 건 알지?"

"네."

"사람들이 고기를 덜 먹으면 메탄을 발생시키는 가축이 줄어들어 탄소 발자국을 줄일 수 있단다. 지구를 살리는 일이니 조금씩 양보하고 노력해야지."

공부균 선생님의 말씀에 아이들은 서로 약속한 듯 햄버거를 집어 들었다.

건우가 돗자리에 앉아 햄버거를 먹으려 할 때, 건우가 아얏 소리를 지르며 자리에서 일어났다. 엉덩이 쪽 주머니에 뭔가 들어 있었다.

"엇, 이게 뭐지?"

그것은 하얗고 동그란 알이었다.

"가만, 이건 엄청나게 비싼 진주알인데?"

인어 아저씨가 진주알을 살펴보더니 이게 어디서 난 것이냐고 물었다. 건우는 머리를 긁적였다. 아무리 생각해도 진주알이 주머니 속으로 들어갈 틈이 없었기 때문이었다.

"잠깐, 혹시 공부왕 교장 선생님이 넣어주신 게 아닐까?"

"언제?"

"우리더러 전화를 받아야 한다며 나가라고 했잖아. 그때 교장 선생님이 건우 엉덩이를 툭 치는 걸 봤어."

아로의 말에 건우는 머리를 긁적였다. 그런 것 같기도 하고 아닌 것 같기도 했다.

"아!"

"아무튼, 이걸 팔면 사쾃값을 내고도 남겠다."

인어 아저씨의 말에 건우의 표정이 한결 밝아졌다.

"소풍은 정말 좋군."

인어 아저씨가 에디슨의 머리 위에 내려앉으며 날씨를 즐겼다. 그 순간 가려움을 참지 못한 에디슨이 앞발로 머리를 푹!

"인어 아저씨!"

아이들이 놀라 소리를 질렀지만, 인어 아저씨의 모습은 온데간데없었다.

"아저씨는 바닷속 집으로 돌아간 걸까?"

"아니면 완전히 사라진 걸까?"

비가 올 것처럼 잔뜩 찌뿌둥하던 하늘에 햇빛이 쨍하고 비추었다.

아이들의 머리 위로 작은 구름이 둥실둥실 떠다녔고, 나무들 덕분에 맑고 싱그러운 공기가 가득 느껴졌다.

세상은 더없이 행복하고 평화로웠다.

5권 식물편으로 이어집니다.

몹시도 수상쩍다

이정모 전 국립과천과학관장 **추천**

교과서에 촘촘히 흡수되는 어린이 과학 SF

궁금한 게 있으면 직접 그것이 되어보는 골때리게 재미있는 과학교실! 초등학교 과학 교과서에 있는 모든 내용을 충실하게 담았다!

서지원 글 | 한수진 그림 | 156쪽 | 15,000원

① 골때리게 재미있는
과학교실

액체로 변하는 케이크, 기체로 변하는 음료수, 한 살로 돌아가는 상자, 동물들과 대화하는 신기한 알약까지…… 과학교실은 정말 대단해!

② 날씨를 일으키는
삼총사

변덕쟁이 날씨를 바꾸는 리모콘과 돼지 기상 캐스터의 등장. 태양 쿠키와 지구 젤리는 무슨 맛일까?

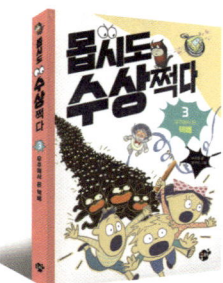

③ 우주에서 온
택배

우주에서 택배가 왔다고? 행성 사탕은 무슨 맛일까? 이번에는 우주를 낱낱이 파헤쳐 보자!

<몹시도 수상쩍다>시리즈는 계속 출간됩니다.